D1692623

ANTONIUS THALBERG

GRIECHISCHE MYTHOLOGIE

GÖTTER, HEROEN UND DIE ZEITLOSEN
MYTHEN DER ANTIKE

GRIECHISCHE MYTHOLOGIE

GÖTTER, HEROEN UND DIE ZEITLOSEN MYTHEN DER ANTIKE

ANTONIUS THALBERG

Bibliografische Information der Deutschen Bibliothek
Die Deutsche Bibliothek verzeichnet diese Publikation in der Deutschen Nationalbibliografie; detaillierte bibliografische Daten sind im Internet über http://dnb.ddb.de abrufbar.

Für Fragen, Kritik und Anregungen:
kontakt@kleinstadt-verlag.de

Alle Rechte, insbesondere das Recht der Vervielfältigung und Verbreitung sowie der Übersetzung, vorbehalten. Der vorliegende Text darf nicht gescannt, kopiert, übersetzt, vervielfältigt, verbreitet oder in anderer Weise ohne schriftliche Zustimmung des Verlags bzw. Herausgebers verwendet werden, auch nicht auszugsweise: weder in gedruckter noch elektronischer Form. Jeder Verstoß verletzt das Urheberrecht und kann strafrechtlich verfolgt werden.

Originalausgabe
1. Auflage 2023
© 2023 by Kleinstadt Verlag, ein Imprint von Kleinstadt Fachbuch- und Medienverlag | Lindenstraße 18 | D-96163 Gundelsheim
Text: Antonius Thalberg
Lektorat: Stefan Franz
Umschlagabbildung Front: Kleinstadt Medien

ISBN Print 978-3-949926-53-2
ISBN Hardcover 978-3-949926-54-9

Weitere Informationen zum Herausgeber finden Sie unter
kleinstadt-verlag.de

ÜBER DEN AUTOR

Antonius Thalberg, renommierter Experte für griechische Mythologie, wurde in Bayern geboren. Seine Leidenschaft für die Geschichte des alten Griechenlands spiegelt sich in seinen Werken wider, die sich intensiv mit den Mythen, Legenden und kulturellen Hintergründen des antiken Europas befassen. Mit fundiertem Fachwissen und einer packenden Erzählweise entführt Thalberg seine Leser in die faszinierende Welt der Götter, Heroen und Sagen der Antike. Durch seine sorgfältige Recherche und seine eloquente Darstellung hat Antonius Thalberg dazu beigetragen, das Verständnis und die Wertschätzung dieser reichen kulturellen Erzähltradition zu vertiefen.

Mehr Informationen finden Sie unter kleinstadt-verlag.de

INHALTSVERZEICHNIS

DER RUF DES OLYMP
URSPRUNG DER GRIECHISCHEN MYTHEN
Das Chaos und die ersten Götter 12
Die Titanen und ihre Herrschaft 13
Die Geburt der Götter und Helden 14
Die Entfaltung der griechischen Mythologie 15
Historischer Kontext 17

GÖTTER DES OLYMP
Zeus 21
Hera 22
Poseidon 23
Demeter 25
Athena 26
Apollon 27
Artemis 28
Aphrodite 29
Hermes 31
Ares 32
Dionysos 33
Hades 34

HALBGÖTTER, HEROEN UND MENSCHEN
Die Halbgötter 37
Die Heroen 46
Heroenreise und archetypische Muster 53

NYMPHEN UND FABELWESEN
Nymphen 55
Zentauren und Satyrn 57
Sphinx, Minotaurus und andere Fabelwesen 58

TITANEN UND IHRE REBELLION
- Kronos 62
- Rhea 63
- Koios 64
- Iapetos 66
- Hyperion 67
- Prometheus 68
- Die Titanomachie 69

MYTHOLOGISCHE GEGENSTäNDE
- Aigis 72
- Ambrosia 73
- Argo 74
- Ariadnefaden 76
- Äskulapstab 77
- Bätylos 78
- Dreizack 79
- Flügelschuhe 80
- Füllhorn 82
- Goldene Äpfel der Hesperiden 83
- Goldenes Vlies 84
- Gorgoneion 85
- Halsband der Harmonia 86
- Helm des Hades 87
- Hermesstab (Caduceus) 88
- Klapper der Athene 89
- Nepenthes 90
- Omphalos 91
- Palladion 92
- Thyrsos 94

GöTTERVEREHRUNG
- Opfer und Opfergaben 96
- Kulturelle Verehrung 98
- Orakel – Die Stimme der Götter 99

DIE BüCHSE DER PANDORA
Die Brüder des Schicksals 103
Ein göttlicher Plan 104
Der Augenblick des Entsetzens 106
Ein Funke in der Dunkelheit 107
Die Unvergänglichkeit der Hoffnung 108

DIE IRRFAHRTEN DES ODYSSEUS
Nach dem Trojanischen Krieg 111
Die Rückkehr nach Ithaka 120

MYTHEN UND GESCHICHTEN
Der Trojanische Krieg 127
Der Aufstand gegen die Götter 135
Der Flug des Ikarus 142
Der Mythos von Sisyphos 149
Der Raub der Persephone 156
Die Verschwörung gegen Zeus 163
Die Menschenalter 170
Der Raub der Europa 175
Die Geburt von Apollonn und Artemis 180

ZEITLOSE LEHREN
Die Menschliche Natur 190
Die Bedeutung der Götter 192
Konflikte und Kriege in der Mythologie 194
Kulturelle und künstlerische Einflüsse 195

QUELLENVERZEICHNIS
IMPRESSUM

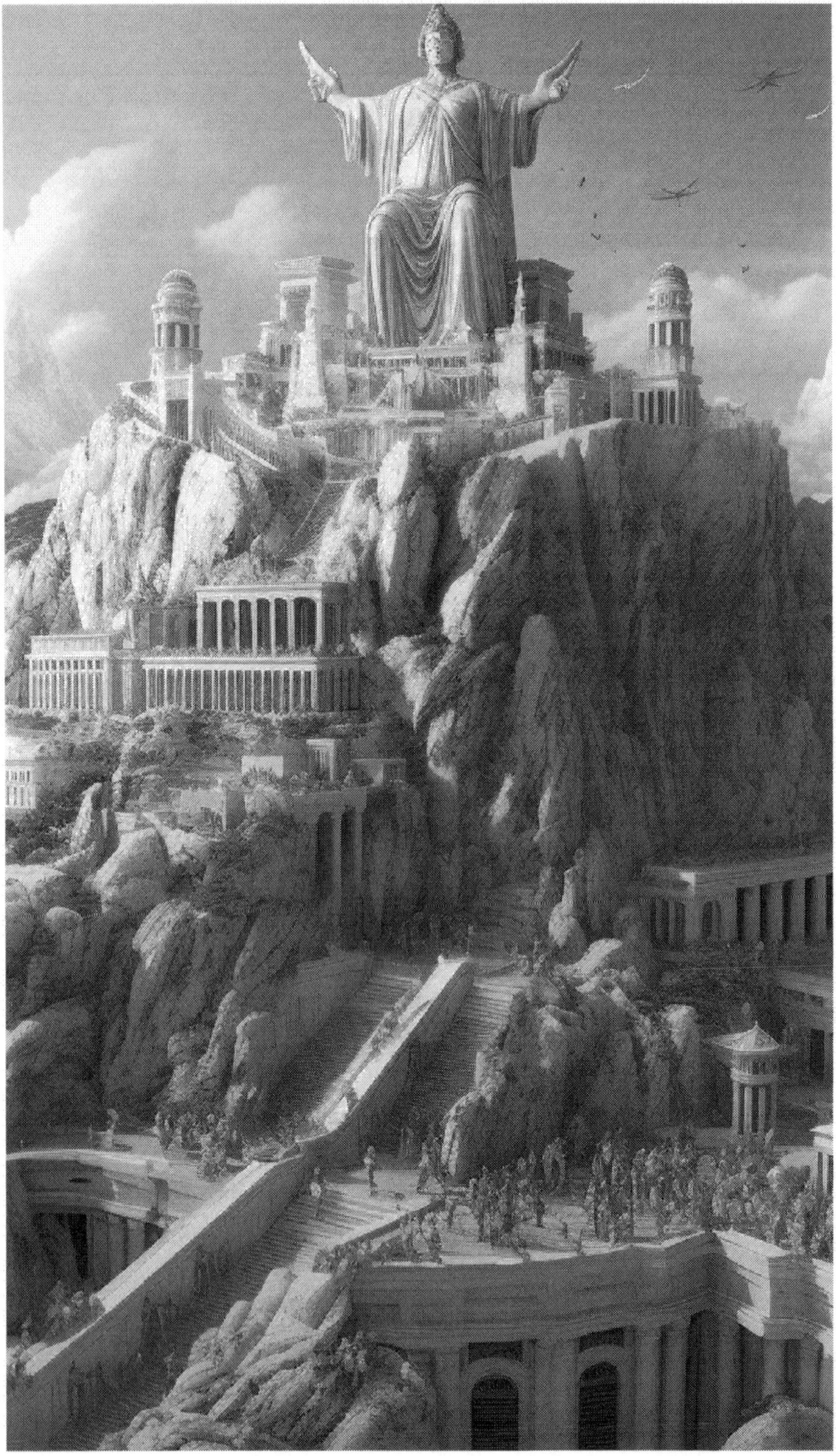

- VORWORT -

DER RUF DES OLYMP

In einer Zeit, in der die Sterne am Himmel die Geschichten der Götter erzählten und die Winde das Flüstern der Musen trugen, da begannen wir Menschen zu träumen. Unsere Herzen und Seelen wurden von den Mythen des antiken Griechenlands erfüllt, jener legendären Epoche, in der die Welt noch ein Ort war, an dem Götter und Menschen sich kreuzten.

In diesen alten Tagen thronte der mächtige Olymp, der Berg der Götter, hoch über den Wolken. Dort, wo der Donner des Zeus und das Lachen der Aphrodite sich vermischten, begannen die Geschichten, die wir heute als griechische Mythologie kennen. Die Götter, jene unsterblichen Wesen, die den Himmel beherrschten und das Schicksal der Menschen lenkten, waren unsere ersten Lehrer, unsere ersten Geschichtenerzähler.

Diese Geschichten der griechischen Mythologie sind ein reich verzierter Teppich, gewebt aus den Fäden der Unsterblichkeit und der Menschlichkeit. Hier fanden die Helden ihre Bestimmung in epischen Abenteuern. Die Götter entschieden über das Schicksal der Sterblichen. In diesem Buch lade ich dich ein, dich in dieses bunte Gewebe der Fantasie zu vertiefen, in dem die Grenzen zwischen Wirklichkeit und Träumerei verschwimmen.

Tauche ein in die fesselnde Welt von Prometheus, der das Feuer den Menschen brachte und dafür einen hohen Preis zahlte. Begleite Odysseus auf seiner langen Reise nach Hause, durch stürmische Meere und verzauberte Inseln.

Lausche den Gesängen der Sirenen, die in den Wellen lauern und stehe Seite an Seite mit Herakles in seinen heldenhaften Taten.

Diese Geschichten von Heldentaten und Tragödien, von Liebe und Verrat, sind ein Spiegelbild unserer eigenen Menschlichkeit und unserer grenzenlosen Begierde nach dem Mysteriösen. Die griechische Mythologie lehrt uns, dass die Götter und Helden nicht nur in den Sternen und in den Wolken existieren, sondern auch tief in unseren eigenen Herzen und in den stillen Ecken unserer Fantasie. Sie sind zeitlos und werden immer wieder unser innerstes Sehnen und unsere wildesten Träume entzünden, so wie die glitzernden Sterne am nächtlichen Firmament des antiken Griechenlands.

Möge dieses Buch deine Sinne beflügeln und deine Gedanken auf Reisen schicken, so wie es die Mythen der alten Griechen seit Jahrtausenden getan haben. Möge es dich inspirieren, über die Sterne hinauszuschauen und die unendlichen Geschichten zu entdecken, die in den Tiefen deiner eigenen Fantasie verborgen sind. Willkommen in der Welt der griechischen Mythologie, wo Legenden geboren werden und die Götter die Geschicke der Menschheit lenken.

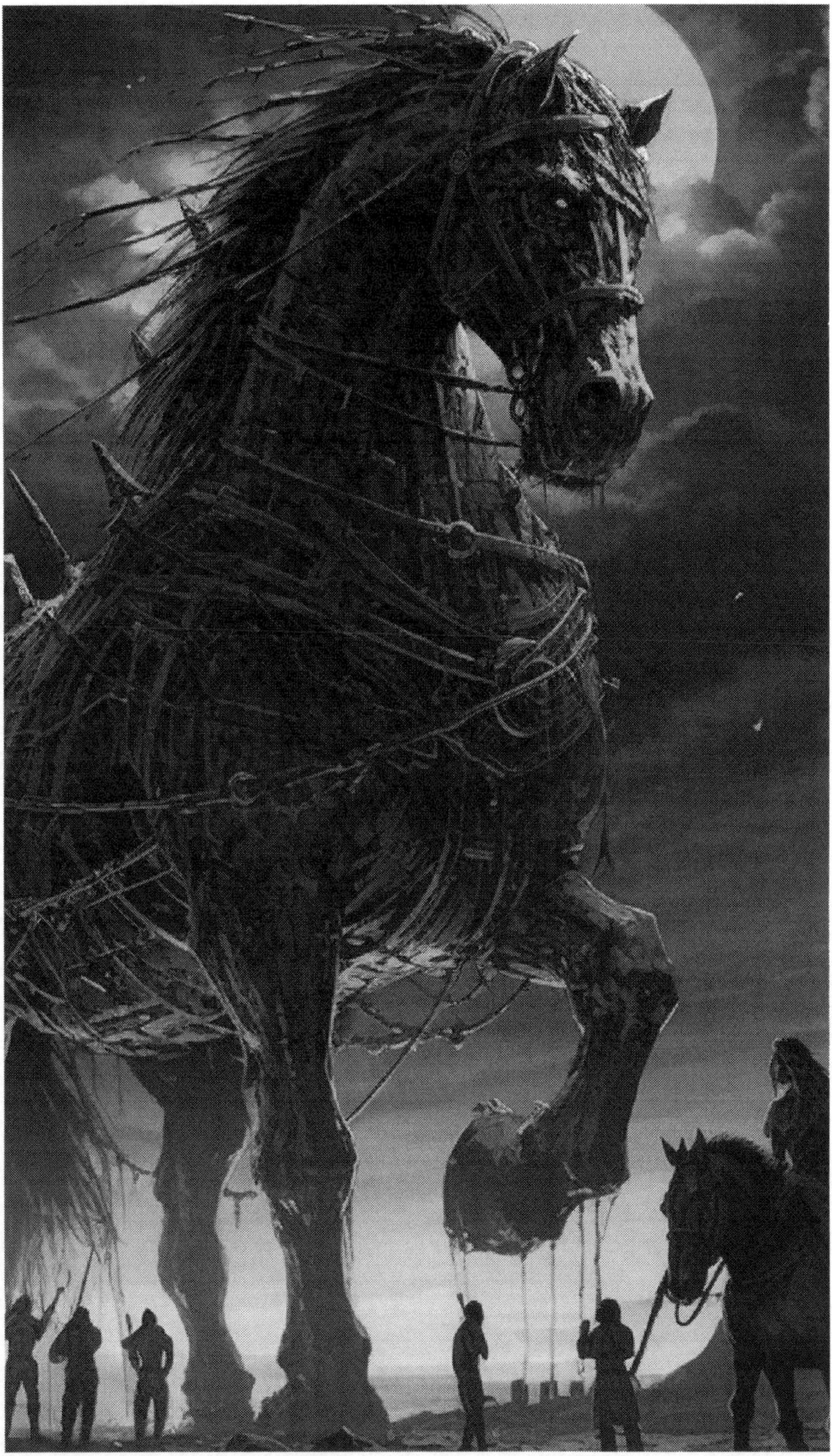

- KAPITEL 1 -
URSPRUNG DER GRIECHISCHEN MYTHEN

Die griechische Mythologie ist eine der faszinierendsten und einflussreichsten Mythologien der Weltgeschichte. Ihre Ursprünge reichen weit zurück in die Antike und sind eng mit der kulturellen Entwicklung Griechenlands verbunden.

So entfaltet sich die griechische Mythologie vor unseren Augen wie ein antikes Mosaik aus Licht und Schatten, das die faszinierendsten Geschichten und Charaktere der Menschheitsgeschichte in lebendigen Farben darstellt. In ihren Ursprüngen verborgen liegt das Mysterium des Chaos, jene Urmaterie, die die Keimzelle des Universums bildet. Ein wogendes Nichts, aus dem schließlich die ersten Götter hervorgingen, wie strahlende Gestalten, die aus dem Dunkel emporschossen.

DAS CHAOS UND DIE ERSTEN GÖTTER

In den ersten Tagen der Welt, als noch keine Sterne am Himmelszelt funkelten und kein Wind die Stille der Leere durchbrach, existierte das Chaos. Ein unvorstellbares, dunkles Nichts, das jegliche Vorstellungskraft überstieg. Ein Ozean der Formlosigkeit, der die Urmaterie des Universums barg, in der alles und nichts zugleich war.

Doch aus diesem ungezähmten Abgrund erhoben sich die ersten Götter, wie Funken im Dunkel der Nacht. Gaia, die göttliche Erde, die Mutter aller Dinge, brachte sich selbst hervor. Ihre schwellenden Hügel und tiefen Schluchten formten die Welt und ihr Wesen atmete Leben in die geheimnisvolle Leere.

Über dem Horizont erhob sich Uranos, der Himmel, der die Welt in seinen Armen umschlang. Sein Hauch berührte Gaia und aus dieser Umarmung entsprangen die Sterne, die das Firmament schmückten. Eine wortlose Liebkosung zwischen Himmel und Erde, die das Universum mit ihrer Schönheit erfüllte.

Und in der tiefsten Dunkelheit der Nacht gab es Nyx, die Göttin der Nacht, die ihre schwarzen Schleier über den Himmel spann. In ihren Träumen entstanden die ersten Visionen und Sehnsüchte, die die Welt in ein neues Licht tauchten. Ihre Kinder, die Träume und Hoffnungen der Menschen, fanden ihren Ursprung in ihren geheimen Gedanken.

So erhob sich aus dem Chaos die erste Generation der Götter, die Schöpfer des Universums, die Urmutter Erde, der umarmende Himmel und die umhüllende Nacht. In ihrer Erschaffung spiegelte sich die ewige Verbindung zwischen Himmel und Erde, die das Fundament für die griechische Mythologie und die Geschichten der Götter und Helden legte. Aus dieser urzeitlichen Umarmung sollten die kommenden Zeitalter der Welt entstehen.

DIE TITANEN UND IHRE HERRSCHAFT

Tief in den Äther gehüllt, wie gigantische Schatten in der Dämmerung, thronten die Titanen über dem jungen Universum. Sie waren die Kinder des Chaos, die Nachkommen von Gaia und Uranos. Ihre Macht erstreckte sich über die Reiche des Himmels und der Erde.

Titanen, jene gewaltigen Gestalten, die die erste Dynastie der Götter bildeten. An ihrer Spitze stand Kronos, ein Titan von ungeheurer Stärke und unstillbarem Ehrgeiz. Seine finstere Gestalt erhob sich wie ein dunkler Berg inmitten des Himmels. Doch in seiner Brust schlummerte ein gefährliches Geheimnis – die Furcht vor einem Schicksal, das ihn stürzen könnte.

Die Titanen regierten in einer Welt, die von gewaltigen Kräften und ungezügeltem Überfluss geprägt war. Die Erde blühte unter ihrer Herrschaft und der Himmel tanzte im Rhythmus ihres Willens. Doch die Titanen waren nicht unumstritten. In ihren Herzen trugen sie die Erinnerung an die Schlacht zwischen ihrem Vater Uranos und seinen Kindern, die sie zu den Herren des Kosmos gemacht hatte.

Die Titanomachie, die epische Schlacht zwischen den Titanen und den olympischen Göttern, war unausweichlich. Das Schicksal hatte seine Fäden gesponnen und der Konflikt würde die Welt erschüttern wie ein gewaltiger Donnerschlag. Kronos, der mächtige Anführer der Titanen, stand vor einer schwierigen Wahl – sollte er das Erbe seines Vaters wiederholen und die Götter stürzen oder dem Lauf der Geschichte eine neue Wendung geben?

In den Wirren der Titanomachie würde die Zukunft des Universums auf dem Spiel stehen. Die Titanen würden sich gegen die aufstrebenden olympischen Götter erheben und der Himmel selbst würde erzittern vor dem Krachen der Donnerkeile und dem Feuer der Blitze. Doch das Schicksal war unerbittlich und die Titanen sollten bald erkennen, dass die Zeiten des Wandels unaufhaltsam gekommen waren.

DIE GEBURT DER GÖTTER UND HELDEN

Inmitten des mystischen Olymp, wo die uralten Götter des Himmels thronten, wurde eine neue Ära der Schöpfung eingeläutet. Es war, als ob die Sterne selbst ihre Strahlen auf diesen heiligen Ort lenkten, als die Geburt der olympischen Götter in einer glanzvollen Symphonie gefeiert wurde.

Der mächtige Zeus, mit einem Donnerkeil in der Hand, trat hervor, um das Zepter des Himmels zu ergreifen. Seine majestätische Erscheinung strahlte wie das blendende Licht eines aufgehenden Sterns. Er war der König der Götter und der

Herrscher des Olymp. Sein Blick durchdrang die Dunkelheit, um die Geheimnisse des Kosmos zu ergründen.

An seiner Seite stand Hera, die Göttin der Ehe und der Familie, in ihrer erhabenen Pracht. Ihre Augen leuchteten vor königlicher Würde und ihr Herz schlug im Takt des Universums. Ihre Macht sollte das Fundament der göttlichen Ordnung festigen.

Athene, die Göttin der Weisheit und des Handwerks, trat aus Zeus Stirn hervor, in voller Rüstung und mit einem klugen Blick, der die Tiefen des Verstandes durchdringen konnte. Hermes, der geflügelte Bote, schwebte leichtfüßig durch den Himmel, bereit, die Nachrichten der Götter zu überbringen.

Die olympischen Götter waren nicht allein, denn die Welt der Helden erhob sich ebenfalls aus der Dunkelheit der Vorzeit. Herakles, der strahlende Held mit der Kraft von zehn Männern, schien dazu bestimmt, die Welt von Ungeheuern und Unrecht zu befreien. Perseus, mit geflügelten Stiefeln und einem Schild, der das Gesicht der Medusa spiegelte, war bereit, die gefährlichsten Abenteuer zu bestehen.

So wurde die Bühne der griechischen Mythologie mit den Göttern des Olymp und den tapferen Helden der Antike geschmückt. Ihr Schicksal war einander verknüpft und ihre Geschichten würden die Seiten der epischen Mythen und die Herzen der Menschen für die Ewigkeit füllen. Eine neue Ära der Götter und Helden war angebrochen und das Universum lauschte gespannt auf ihre Abenteuer, Intrigen und Triumphe.

DIE ENTFALTUNG DER GRIECHISCHEN MYTHOLOGIE

Die griechische Mythologie ist ein reiches und komplexes Geflecht von Erzählungen, das sich im Laufe der Jahrhunderte entwickelte und stark von verschiedenen kulturellen Einflüssen geprägt wurde. Diese Entwicklung ist eng mit der mündlichen Überlieferung, der schriftlichen Fixierung und dem kreativen Schaffen von Dichtern und Denkern verbunden.

Die Anfänge der griechischen Mythologie liegen in der mündlichen Überlieferung, in der Geschichten und Legenden von Generation zu Generation weitergegeben wurden. In dieser mündlichen Tradition wurden die Mythen lebendig, wandelten und passten sich den Bedürfnissen und Vorstellungen der Gesellschaft an. Die Mythen waren nicht statisch, sondern lebendig und sich ständig verändernd und dienten dazu, die Geschichte, Moralvorstellungen und die Identität der griechischen Gemeinschaft zu vermitteln.

Die schriftliche Fixierung der griechischen Mythen begann etwa im 8. Jahrhundert v. Chr. mit den Werken von Dichtern wie Hesiod und Homer. Hesiods »Theogonie« beschrieb die Entstehung der Götter und die Struktur des Kosmos, während Homers »Ilias« und »Odyssee« die Abenteuer von Helden wie Achilles und Odysseus erzählten. Diese epischen Dichtungen verewigten die Mythen in der Literatur und ermöglichten ihre Weitergabe über die Jahrhunderte hinweg.

Die griechische Mythologie war jedoch nicht isoliert, sondern wurde von anderen Kulturen beeinflusst und beeinflusste sie ihrerseits. Die Ägypter, Römer und andere antike Zivilisationen hatten ihre eigenen Götter und Mythen, die mit den griechischen verschmolzen und einander beeinflussten. Dies führte zu einer reichen Vielfalt von Geschichten und Varianten in der griechischen Mythologie.

Mit der Zeit wurde die griechische Mythologie zu einem wichtigen Element der Kultur und bildete die Grundlage für Kunst, Philosophie und Religion. Die Götter und Helden der griechischen Mythologie wurden auf Gemälden, Skulpturen und Vasen dargestellt. Ihre Geschichten inspirierten Philosophen wie Platon und Aristoteles in ihren Werken über Ethik und Politik.

Auch in der modernen Zeit bleibt die griechische Mythologie von großer Bedeutung. Ihre Geschichten sind in der Popkultur präsent und dienen als Inspiration für Literatur, Filme, Videospiele und andere Kunstformen. Die mythologischen Figuren und Themen haben ihren Platz in der zeitgenössischen

Welt gefunden und werden weiterhin erforscht, interpretiert und bewundert. Die Entwicklung der griechischen Mythologie ist ein faszinierendes Beispiel dafür, wie Geschichten und Mythen die Menschheit über die Jahrhunderte hinweg begleitet und geprägt haben.

HISTORISCHER KONTEXT

In der Welt der griechischen Mythologie sind die Ursprünge der Geschichten und Figuren oft von einer Aura des Mysteriösen umgeben. Doch um das Verständnis für diese faszinierende Mythologie zu vertiefen, ist es unerlässlich, einen Blick auf den historischen Kontext und die Ursprünge dieser erstaunlichen Erzählungen zu werfen.

Die griechische Mythologie hat ihren Ursprung in einer alten Kultur, die sich über Jahrhunderte hinweg entwickelt hat. Ihre Wurzeln reichen bis in die mykenische Zeit des antiken Griechenlands zurück, die etwa zwischen 1600 und 1100 v. Chr. datiert wird. Die mykenische Kultur bildet die Grundlage für viele der späteren griechischen Mythen und Legenden.

Eine der ältesten schriftlichen Quellen, die Einblicke in die griechische Mythologie bieten, ist, wie zuvor erwähnt, die »Theogonie« des Dichters Hesiod, vermutlich verfasst im 8. Jahrhundert v. Chr. In diesem epischen Gedicht werden die Geburt und die Abstammung der Götter und Titanen beschrieben und es dient als eine Art Ursprungsmythos für die gesamte griechische Mythologie.

Die Griechen glaubten, dass ihre Götter und Titanen die Personifizierung der Kräfte und Phänomene waren, die sie in der Natur und im menschlichen Leben beobachteten. Zum Beispiel wurde Zeus als der Beherrscher des Himmels verehrt, während Poseidon die Macht über das Meer und Hades über die Unterwelt hatte. Diese anthropomorphen Gottheiten waren nicht nur ein Spiegelbild der Natur, sondern auch Ausdruck der menschlichen Erfahrungen und Emotionen.

Der historische Kontext der griechischen Mythologie wurde zudem von den kulturellen Einflüssen der Zeit geprägt. Das antike Griechenland hatte Beziehungen und Austausch mit anderen Kulturen wie den Ägyptern und den Mesopotamiern, was zu einer Vermischung von Ideen und Erzählungen führte. Dieser kulturelle Austausch trug zur Vielfalt und Komplexität der griechischen Mythologie bei.

Die griechische Mythologie durchlief im Laufe der Jahrhunderte eine kontinuierliche Entwicklung und Anpassung. Die epischen Dichter Homer und Hesiod hinterließen wichtige schriftliche Zeugnisse, die die Mythologie weiter formten und festigten. Überdies spielten die dramatischen Werke der attischen Tragiker wie Aischylos, Sophokles und Euripides eine entscheidende Rolle bei der Popularisierung der Mythen.

Die griechische Mythologie sollte nicht nur als ein faszinierendes Erzählgut betrachtet werden, sondern auch als ein Fenster in die Gedanken und die Kultur des antiken Griechenlands. Die Geschichten von Göttern, Helden und Titanen spiegeln die menschlichen Bestrebungen, Ängste und Hoffnungen dieser alten Zivilisation wider und bieten uns bis heute eine reiche Quelle der Inspiration und des Verständnisses für die menschliche Natur.

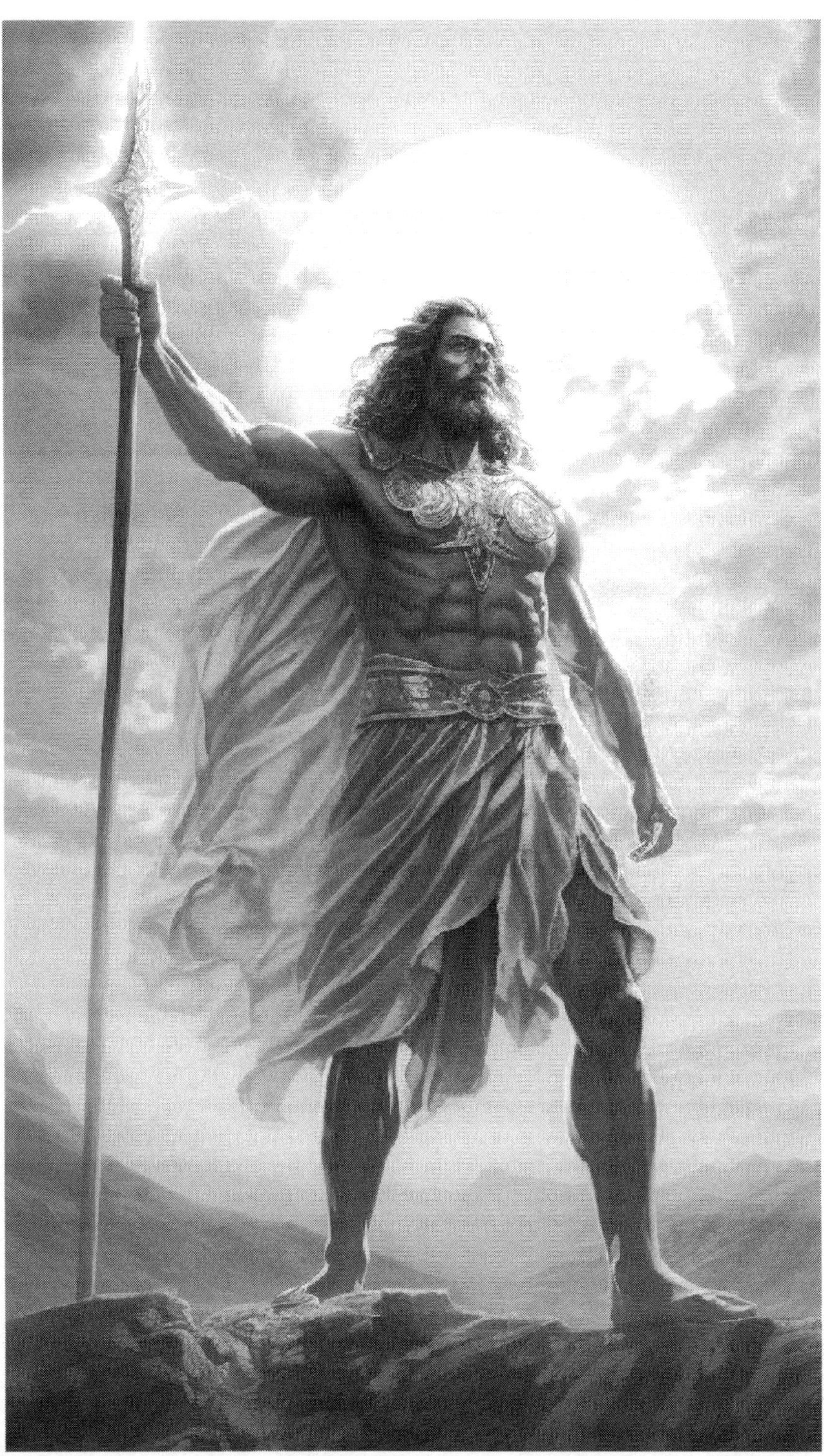

- KAPITEL 2 -
GÖTTER DES OLYMP

Über den Gipfeln des mythischen Berges Olymp thronte ein strahlendes Pantheon, das die Welt der griechischen Götter beherbergte. Dieser majestätische Berg, der als Sitz der Götter galt, ragte hoch in den Wolken empor und umhüllte die Gipfel mit einem ewigen Schleier aus Nebel und Licht.

Der Olymp, von nicht irdischer Schönheit und majestätischer Stille, war ein Ort jenseits aller menschlichen Vorstellungskraft. Seine Gipfel berührten die Wolken und leuchteten in den Farben des Morgens, wenn die ersten Strahlen der Sonne sich zögerlich über die Gipfel schoben. In den Dämmerungen des Abends spiegelte der Berg die goldene Pracht des untergehenden Himmels wider und tauchte die Welt der Götter in ein magisches Licht.

Hier, auf diesem erhabenen Berg, hatten die olympischen Götter ihren Palast errichtet – ein wundervolles Gebäude, das in seiner Pracht und Erhabenheit mit keinem irdischen Bauwerk vergleichbar war. Die Säulen, die den Tempel trugen, waren aus Marmor gehauen und schimmerten wie Silber im Mondlicht. Die Gärten, die den Palast umgaben, waren von unsterblichen Wesen gepflegt und erblühten in ewiger Schönheit. Hier fanden die Götter ihre Ruhe und Unterhaltung, wenn sie nicht in den Himmeln oder auf der Erde aktiv waren.

Der Olymp war nicht nur ein physischer Ort, sondern ein Symbol für die Allmacht und den Glanz der olympischen Götter. Hier trafen sie sich, um ihre Angelegenheiten zu besprechen, Schicksale zu weben und die Geschicke der Sterblichen zu lenken.

Ihre Anwesenheit auf dem Olymp versinnbildlichte die Verbindung zwischen Himmel und Erde, zwischen den Göttern und den Menschen.

Der Olymp war ein Ort des Staunens und der Ehrfurcht, ein Ort, an dem die Sterblichen nur in ihren kühnsten Träumen weilen konnten. Ein Ort, an dem die Götter thronten und über die Welt der Menschen wachten, ihre Macht und Pracht in der unberührten Schönheit dieses heiligen Berges offenbarend.

So lebte der Pantheon der olympischen Götter auf dem Gipfel des Olymp, umgeben von Wolken und Licht und ihre Präsenz auf diesem erhabenen Berg erfüllte die Welt mit Mythos und Magie, die bis heute fortdauert.

ZEUS

In den höchsten Gefilden des göttlichen Olymp, wo die Wolken sanft um die Gipfel des Berges tanzten und das Licht der Sterne die Dunkelheit durchbrach, thronte Zeus, der mächtige König der Götter. Sein Thron, geschaffen aus dem strahlendsten Gold des Himmels, erstrahlte in blendendem Glanz und wurde von den mächtigen Adlerkrallen getragen, die seine Macht und Autorität symbolisierten.

Zeus, der Vater der Götter und Menschen, beherrschte den Himmel mit einer majestätischen Gelassenheit. Seine Augen, so blau wie der wolkenlose Sommerhimmel, funkelten mit einer Weisheit, die die Zeitalter überdauerte. Sein dichter Bart und seine lockigen Haare schienen von den Blitzstrahlen selbst geformt zu sein und sein Gewand aus den feinsten Wolkenstoffen flatterte im Wind der Ewigkeit.

Der Donnerkeil, sein mächtigstes Symbol, ruhte stets in seiner Hand. Er war das Instrument seiner Macht und ein Zeichen seiner Herrschaft über die Elemente. Wenn Zeus den Donnerkeil erhob, bebte der Himmel und die Blitze zuckten wie göttliche Botschaften durch die Dunkelheit, erleuchteten die Welt und erinnerten die Sterblichen an seine allumfassende Macht.

Zeus, der Beherrscher des Wetters und der Naturkräfte, war jedoch nicht nur ein Herrscher, sondern auch ein Richter. Von seinem Thron aus beobachtete er das Treiben der Menschen auf der Erde und wachte über die Gerechtigkeit. Seine Worte waren Gesetz und seine Urteile unbestechlich.

Doch Zeus war nicht nur ein strenger Richter, sondern auch ein Liebhaber und Beschützer. Er verliebte sich leidenschaftlich und oft in schöne Sterbliche und Göttinnen gleichermaßen. Seine Liebesabenteuer waren ebenso legendär wie seine göttliche Macht und aus diesen Begegnungen gingen große Helden und Halbgötter hervor.

Der König der Götter symbolisierte das Gleichgewicht zwischen der göttlichen Ordnung und der menschlichen Freiheit. Seine Präsenz auf dem Olymp verkörperte die Verbindung zwischen Himmel und Erde, zwischen den Göttern und den Sterblichen. In seinem Wesen vereinte er die Macht des Sturms und die Güte des Himmels und sein Name wurde in Ehrfurcht ausgesprochen, sowohl in den Tempeln als auch in den Herzen der Menschen.

So thronte Zeus, der Herrscher des Olymp, in all seiner erhabenen Pracht, ein Symbol für die Macht und das Geheimnis der griechischen Götterwelt, dessen Glanz die Jahrtausende überdauerte und noch immer in den Sternen und im Donner fortbesteht.

HERA

Neben Zeus residierte Hera, die stolze und majestätische Göttin der Ehe und der Familie, auf dem Olymp. Ihr Thron, in prächtiges Purpur gehüllt, thronte neben dem ihres Gemahls, Zeus, dem mächtigen König der Götter. Doch obwohl sie die Gemahlin des höchsten Gottes war, wachte Hera über ihren eigenen Bereich der Göttlichen Ordnung mit eiserner Entschlossenheit.

Hera, mit ihrer würdevollen Haltung und ihren klaren, durchdringenden Augen, verkörperte die Schönheit und die Macht der Weiblichkeit. Ihre goldenen Locken glänzten wie der Strahlenkranz um den Mond in der sternenklaren Nacht und ihre Gewänder waren von feinster Seide gewoben, die den sanften Winden des Olymp nachzugeben schien.

Die Göttin der Ehe trug eine tiefe Verantwortung für die menschliche Welt. Sie beobachtete das Treiben der Sterblichen, belohnte treue Ehen und bestrafte Untreue und Verrat. Ihre Macht reichte von den heiligen Gelübden des Ehebunds bis hin zur Geburt und Erziehung von Kindern.

Jedoch war Hera nicht nur die strenge Hüterin der Ehe, sondern eine mütterliche und schützende Göttin. Sie war die Patronin der Frauen in der Schwangerschaft und bei der Geburt und ihre sanfte Hand führte die Neugeborenen ins Leben.

Trotz ihrer Eifersucht und ihrem Ruf als eifersüchtige Frau, die die Geliebten ihres Gemahls verfolgte, war Hera eine mächtige Göttin von großer Güte und Loyalität. Sie hielt die Familie der Götter auf dem Olymp zusammen und beschützte die göttlichen Kinder, die aus ihrer Ehe mit Zeus hervorgingen.

In der Welt der griechischen Mythologie war Hera eine komplexe und faszinierende Figur, die die Dualität der weiblichen Natur verkörperte: die Stärke und die Sanftheit, die Macht und die Liebe. Ihr Thron auf dem Olymp war ein Symbol für die Bedeutung der Ehe und Familie in der antiken griechischen Gesellschaft und für die Rolle, die sie in der göttlichen Ordnung spielte.

So thronte Hera, die Göttin der Ehe und Familie, auf dem Olymp und bewahrte die Werte und Prinzipien, die die Grundlage der menschlichen Gesellschaft bildeten, während sie gleichzeitig die Schönheit und die Macht der weiblichen Göttlichkeit verkörperte.

POSEIDON

Am stürmischen Ufer des Olymp, wo die Wellen des Ägäischen Meeres in unermüdlichem Tanz an die Felsen schlugen und die Gischt in die Höhe stob, herrschte Poseidon, der mächtige Gott des Meeres und der Gewässer. Sein Reich erstreckte sich weit hinaus über die endlosen Weiten des Ozeans und sein Thron war aus dem glänzendsten Korallenriff geschaffen, das je das Licht des Tages erblickte.

Poseidon, der Beherrscher der Meeresfluten, war ein Gott von majestätischer Statur. Seine gestählte Brust und seine muskulösen Arme spiegelten die Kraft und die Unbändigkeit des Ozeans wider. Sein Haar, so dunkel wie die Tiefen des Meeres, wallte wie die Wellen selbst und sein Blick war so tief und geheimnisvoll wie der Meeresgrund.

In seiner mächtigen Hand trug Poseidon den Dreizack, ein Symbol seiner Herrschaft über die Meeresgewalten. Wenn er seinen Dreizack hob, konnte er die Stürme entfesseln und die Wellen zu wilden Tänzen anstacheln. Er konnte die Wogen beruhigen und das Meer in sanfte Stille versetzen oder es in tosende Zornesausbrüche bringen, die ganze Flotten verschlingen konnten.

Poseidon, der mächtige Gott des Meeres, war jedoch nicht nur ein Herrscher, sondern auch ein Gestalter. Mit einem einzigen Stoß seines Dreizacks konnte er Inseln aus dem Ozean erheben oder versunkene Schätze aus den Tiefen hervorholen. Die Küstenlinien der Welt wurden von seinem Willen geformt und seine Präsenz war in jeder Meeresbrise, jedem Wellenschlag und jedem Tropfen Salzwasser zu spüren.

Der Gott des Meeres war auch der Beschützer der Seefahrer und der Entdecker. Matrosen und Kapitäne beteten zu ihm, bevor sie auf gefährliche Reisen aufbrachen und Opfergaben wurden ihm dargebracht, um seinen Zorn zu besänftigen. Seine Anwesenheit wurde auf hoher See gespürt, wenn die Wellen sanft unter einem friedlichen Himmel tanzten oder wild tobten und die Segel der Schiffe anschwollen.

Poseidon, der Herr des Meeres und der Gewässer, war ein mächtiger und unnachgiebiger Gott, dessen Launen die Welt der Sterblichen und der Götter gleichermaßen beeinflussten. Sein Thron auf dem Olymp war ein Symbol für die ungezähmte

Schönheit und Macht des Ozeans und die ewige Faszination, die er auf die Herzen der Menschen ausübte.

DEMETER

Dort, wo das Licht der Sonne sich in den goldenen Ähren der Felder spiegelte und die Erde sich unter dem sanften Tanz der Gräser in Schlaf wiegte, thronte Demeter, die gütige Göttin der Ernte und der Fruchtbarkeit. Ihr Reich erstreckte sich über die fruchtbaren Ebenen und die gesegneten Felder der Welt und ihr Thron war aus dem reinsten Weizenstroh gefertigt.

Demeter, die Hüterin des Ackerlands und der Getreideernte, strahlte eine ruhige Wärme aus. Ihr Haar, so golden wie die reifen Ähren im Spätsommer, umrahmte ihr Gesicht in sanften Wellen und ihr Gewand, gewebt aus den zartesten Blumenblättern, flatterte im Hauch des Erntewinds.

In ihren Händen hielt Demeter eine Fülle von Getreidesamen, die Quelle allen Lebens und Überflusses. Sie war es, die die Felder segnete und die Saat zum Erblühen brachte. Ihr Lächeln verlieh den Pflanzen Kraft und ihre Tränen fielen als Regen auf die Erde, um sie zu tränken und die Fruchtbarkeit zu fördern.

Demeter war nicht nur die Göttin der Ernte, sondern auch die Beschützerin der Familien und der Mutterschaft. Sie wachte über die Geburt von Kindern und über das Wohl der Mütter. Ihre Güte und Fürsorge erstreckten sich über die Sterblichen, die auf ihre Gaben angewiesen waren, um zu überleben.

Doch es gab auch eine Seite von Demeter, die von Trauer und Verlust gezeichnet war. Als ihre geliebte Tochter Persephone von Hades, dem Herrscher der Unterwelt, entführt wurde, verzehrte sie sich vor Kummer. In ihrer Trauer verweigerte sie der Erde ihre Gaben und die Welt wurde von Dürre und Hunger heimgesucht.

Erst als Persephone aus der Unterwelt zurückkehrte und Mutter und Tochter wieder vereint waren, kehrte die Fruchtbarkeit auf die Erde zurück. Dieses Wiederaufleben der Natur im Frühling wurde zu einem Symbol für die ewige Wiederkehr des Lebens und der Hoffnung.

Demeter, die Göttin der Ernte und der Fruchtbarkeit, war eine Gestalt von großer Güte und Macht, deren Präsenz auf dem Olymp die Erde selbst berührte. Ihr Thron war ein Symbol für die Segnungen der Natur und die Verbundenheit zwischen den Menschen und dem Land, das ihnen Nahrung und Leben schenkte.

ATHENA

In der strahlenden Stadt des Wissens, auf dem Gipfel des Olymp, thronte Athena, die weise Göttin der Weisheit, des Handwerks und des Krieges. Ihr Thron, geschaffen aus dem edelsten Marmor, erstrahlte im Glanz des gedämpften Tageslichts, das die Gipfel des Berges berührte. Athena, die Jungfrau Göttin mit den klaren, stahlgrauen Augen, verströmte eine Aura von unermüdlicher Intelligenz und unaufhaltsamer Entschlossenheit.

Ihr Haar, so schwarz wie die Tiefen des Universums, war in einem kunstvollen Knoten gebunden und ihre Gewänder aus glänzendem Samt und purpurfarbenem Seidenstoff zeugten von ihrer königlichen Eleganz. Ihre Augen, scharfsinnig und durchdringend wie der Blick eines Falken, konnten die Geheimnisse des Universums entschlüsseln.

In ihrer Hand hielt Athena das Buch der Weisheit, in dem alle Geheimnisse des Wissens niedergeschrieben waren. Sie war die Göttin der klugen Strategie, der gerechten Urteile und der inspirierten Künste. Ihre Präsenz auf dem Olymp verlieh der Welt der Sterblichen einen Funken göttlicher Erleuchtung.

Athena war nicht nur die Beschützerin der Gelehrten und Denker, sondern auch die Patronin der Handwerker und Künstler.

Sie lehrte die Menschen die Kunst des Webens, des Töpferns und des Schmiedens und ihre Gaben inspirierten die Sterblichen zu erstaunlichen Werken der Kunst und Architektur.

Obwohl Athena die Göttin des Krieges war, bevorzugte sie den Frieden und die Diplomatie gegenüber der Gewalt. In Kriegen riet sie zu klugen Strategien und zur Vermeidung von unnötigem Blutvergießen. Ihre weisen Ratschläge halfen den Helden und Heerführern, die auf die Schlachtfelder zogen.

Athena, die Göttin der Weisheit und des Handwerks, war eine einzigartige Gestalt in der Welt der griechischen Götter. Sie verkörperte die Kraft des Geistes und die Schönheit des Denkens. Ihr Thron auf dem Olymp war ein Symbol für die Bedeutung von Bildung und Kreativität in der menschlichen Gesellschaft und für die Hoffnung, dass das Streben nach Wissen und Weisheit die Welt verbessern könnte.

APOLLON

In den Höhen des Olymp, wo das Sonnenlicht in einem endlosen Tanz mit den Sternen verschmolz und die Klänge himmlischer Musik die Luft erfüllten, thronte Apollon, der göttliche Gott der Musik, der Künste und des Lichts. Sein Thron, aus dem reinsten Kristall geformt, glänzte in einem ständigen Glitzern und leuchtete in den Farben des Regenbogens.

Apollon war von atemberaubender Anmut. Sein Haar, so golden wie die Sonne selbst, umrahmte sein Gesicht wie eine Aura des Lichts und seine Augen, von einem tiefen Blau wie der Ozean, schienen die Geheimnisse des Universums zu kennen.

In seinen Händen hielt Apollon die Laute, ein Instrument von göttlicher Klangfülle und seine Musik war von einer Magie, die die Herzen der Sterblichen ergriff. Die Töne, die er entlockte, berührten die Seele und führten die Menschen in die höchsten Sphären der Ekstase.

Doch Apollon war nicht nur der Gott der Musik, sondern auch der Patron der Künste und der Wissenschaft. Er inspirierte Dichter und Maler, Bildhauer und Philosophen, ihr Bestes zu geben. Seine Gaben trieben die menschliche Kreativität zu unermüdlichen

Höhen und halfen den Sterblichen, die Schönheit in der Welt zu erkennen.

Als Gott des Lichts brachte Apollon das Tageslicht in die Welt und vertreib die Dunkelheit der Nacht. Sein Wagen, gezogen von feurigen Rossen, überquerte den Himmel mit einer majestätischen Pracht und führte die Sonne auf ihrem täglichen Pfad. Apollon war auch der Heiler und Beschützer der Kranken. Seine Hände konnten Krankheiten heilen und er verlieh den Menschen die Kraft, die sie benötigten, um gegen das Leiden anzukämpfen.

Trotz seiner göttlichen Fähigkeiten und Schönheit war Apollon auch ein Gott der Demut und der Tugend. Er strahlte eine Aura des Friedens und der Harmonie aus und förderte das Streben nach höheren Zielen und edleren Werten.

Der Gott der Musik und des Lichts, Apollon, verkörperte die Schönheit und die Anmut des Lebens selbst. Sein Thron auf dem Olymp war ein Symbol für die Bedeutung von Kunst, Kreativität und Erleuchtung in der menschlichen Gesellschaft und für die Hoffnung, dass die Macht der Musik und der Kunst die Welt verändern konnte.

ARTEMIS

In den unberührten Wäldern des Olymp, wo die Bäume in stummer Ehrfurcht vor der Göttin der Jagd und der Wildnis standen und das Mondlicht durch das Blätterdach schimmerte, thronte Artemis, die keusche Göttin der Jagd. Ihr Thron, geschaffen aus dem holzigen Eichenholz des uralten Waldes, schien eins zu sein mit der Natur selbst.

Artemis, die Jägerin mit dem silbernen Pfeil und Bogen, war von anmutiger Wildheit. Ihr Haar, so dunkel wie die tiefsten Schatten des Waldes, fiel in wilden Locken über ihre Schultern und ihre Augen, klar und intensiv wie der Nachthimmel, blickten aus dem Geäst der Bäume hervor.

In ihren Händen hielt Artemis den Bogen, mit dem sie die Sterne am Himmelszelt zu treffen vermochte. Ihr Ziel war unfehlbar und ihre Pfeile fanden stets ihr Ziel. Sie war die Göttin der Jagd, die Beschützerin der Wildtiere und der Natur und ihr Reich erstreckte sich über die unberührten Wildnis und die weiten Ebenen.

Artemis war nicht nur die Göttin der Jagd, sondern auch die Hüterin der Frauen und Mädchen. Sie beschützte die Gebärenden und stand denjenigen bei, die in den Stunden der Entbindung auf ihre Hilfe angewiesen waren. Ihre Güte und Fürsorge erstreckte sich über die Sterblichen, die in den Wäldern und Gebirgen nach Schutz und Führung suchten.

Die Göttin des Mondes brachte in der Dunkelheit der Nacht Licht in die Welt. Ihr silbernes Licht erleuchtete die Pfade der Reisenden und erfüllte die Herzen der Menschen mit einem Gefühl der Ruhe und Besinnung. Sie symbolisierte die Macht der Nacht und die Geheimnisse, die sie verbarg.

Trotz ihrer wilden Natur und ihrer Abgeschiedenheit auf den einsamen Pfaden der Wildnis war Artemis eine Göttin der Demut und der Freiheit. Sie lehrte die Menschen, die Schönheit der Natur und die Bedeutung des Lebens in Einklang mit ihr zu schätzen.

Die Göttin der Jagd und des Mondes, Artemis, war eine einzigartige Gestalt in der Welt der griechischen Götter. Sie verkörperte die Schönheit und die Freiheit der Natur, die Stärke und die Unabhängigkeit des Geistes. Ihr Thron im Herzen des Waldes war ein Symbol für die Bedeutung von Wildnis, Schutz der Tiere und der erhabenen Schönheit der Nacht.

APHRODITE

In den schimmernden Gewässern des Olymp, wo das Licht des Morgensterns auf den Wellen tanzte und die Brisen einen Hauch von süßer Verlockung trugen, thronte Aphrodite, die betörende Göttin der Liebe, der Schönheit und der Leidenschaft. Ihr Thron, geschaffen aus dem kostbarsten Perlmutt, strahlte in den Farben des Sonnenuntergangs und ihre Anmut war so unwiderstehlich wie der Zauber der ersten Liebe.

Aphrodite, die Göttin der sinnlichen Freuden, war von atemberaubender Schönheit. Ihr langes, goldenes Haar fiel in sanften Wellen über ihre Schultern und ihre Augen, so tief und verführerisch wie das Meer, strahlten eine unwiderstehliche Anziehungskraft aus. In ihren Händen hielt Aphrodite die Rose, die Blume der Liebe und der Leidenschaft. Ihr Lächeln konnte Herzen zum Schmelzen bringen und ihre Berührung verlieh den Sterblichen einen Vorgeschmack auf das Paradies. Sie war die Göttin der Liebe, der Leidenschaft und der Sinnlichkeit.

Aphrodite, die Liebesgöttin, brachte die Macht der Liebe in die Welt der Sterblichen. Sie führte die Herzen der Menschen zusammen und ließ sie in ekstatischer Vereinigung aufgehen. Ihre Liebe war ein berauschender Trank, der die Sinne benebelte und die Seelen entflammte.

Doch Aphrodite war nicht nur die Göttin der Liebe, sondern die Schutzpatronin der Schönheit und der Harmonie. Sie lehrte die Menschen die Kunst der Verführung und die Bedeutung der ästhetischen Anmut. Ihre Gaben inspirierten Dichter und Künstler zu Werken von unaussprechlicher Schönheit.

Die Göttin der Liebe brachte Freude und Glück in die Herzen der Sterblichen, aber sie konnte auch Eifersucht und Leidenschaft entfachen. Ihr Wirken in der Welt war wie eine bittersüße Melodie, die die Höhen und Tiefen der menschlichen Gefühle durchdrang.

Aphrodite, die Göttin der Liebe und der Schönheit, war eine Gestalt von erheblicher Macht und unwiderstehlicher Anziehungskraft. Ihr Thron auf dem Olymp war ein Symbol für die unermüdliche Sehnsucht der Menschen nach Liebe und Schönheit, nach der Leidenschaft und der Ekstase, die das Leben lebenswert macht.

HERMES

In den windigen Höhen des Olymp, wo die Wolken vorüberzogen wie flüchtige Gedanken und das Licht des Monds den Weg für die Sterne ebnete, thronte Hermes, der listige Gott der Boten, der Reisenden und der Diebe. Sein Thron, geschaffen aus dem schnellsten Silber des Himmels, schien in ständiger Bewegung zu sein, als ob er der rastlosen Natur seines Herrn Ausdruck verleihen wollte.

Hermes, der flinke Götterbote mit dem charmanten Lächeln, strahlte eine Aura der Unruhe aus. Seine Augen, lebhaft und schlau wie der Blick eines Fuchses, schienen die Welt ständig neu zu erkunden. Sein Haar, so dunkel wie die Nacht, fiel in wilden Locken über seine Stirn und seine Flügelstiefel verliehen ihm die Fähigkeit, in einem Augenblick an jedem Ort der Welt zu sein.

In seiner Hand hielt Hermes den Hermesstab, ein Zeichen seiner göttlichen Macht und Geschwindigkeit. Mit diesem Stab konnte er zwischen den Welten wandern, Nachrichten überbringen und den Sterblichen Führung und Schutz gewähren.

Hermes war nicht nur der Götterbote, sondern auch der Schutzpatron der Reisenden und der Händler. Er wachte über die Straßen und Wege der Welt und half den Menschen, sicher von einem Ort zum anderen zu gelangen. Seine Gaben erleichterten den Handel und den Austausch von Ideen zwischen den Städten und Kulturen.

Der Gott der Diebe war zudem der Schutzpatron der Listigen und der Erfinder. Er inspirierte die Menschen zu kreativen Lösungen und half den Sterblichen, ihre Probleme mit Geschicklichkeit und Cleverness zu lösen.

Obwohl Hermes oft als Schalk und Trickster galt, war er Beschützer und Helfer der Menschen. Seine Anwesenheit war in den Momenten zu spüren, in denen die Sterblichen Hilfe und Führung benötigten.

Hermes, der Gott der Boten und der Reisenden, war eine Gestalt von großer Vielseitigkeit und Dynamik. Sein Thron auf dem Olymp war ein Symbol für die Bedeutung von Kommunikation und Bewegung in der menschlichen Gesellschaft und für die Hoffnung, dass das Streben nach Wissen und Abenteuer die Welt bereichern konnte.

ARES

In den feurigen Höhen des Olymp, wo die Wolken in einem ständigen Gewitter tobten und der Donnerrollen die Luft erfüllte, thronte Ares, der kriegerische Gott des Krieges, der Gewalt und der Schlacht. Sein Thron, geschaffen aus geschmiedetem Eisen und umgeben von einem Ring aus flammendem Feuer, strahlte die unaufhaltsame Macht des Krieges aus.

Ares, der unerschrockene Gott des Schlachtgetümmels, war von martialischer Gestalt. Sein Körper, gestählt im unerbittlichen Feuer der Schlacht, trug die Narben zahlloser Gefechte. Seine Augen, wild und glühend wie die Flammen des Krieges, blickten aus der Dunkelheit seines Helms hervor.

In seiner Hand hielt Ares die Lanze, ein Symbol seiner unerbittlichen Entschlossenheit und seiner unübertroffenen Kampfkraft. Sein Geist war von einer scheinbar endlosen Gier nach Blut und Zerstörung erfüllt. Er war der Gott des Krieges, der Verwüstung und der Konflikte.

Ares war nicht nur der Kriegsgott, sondern auch der Beschützer der Krieger. Er gab den Soldaten die Kraft und den Mut, in die Schlacht zu ziehen und sein Name wurde in den Momenten des Kampfes angerufen, wenn die Sterblichen nach Unterstützung und Sieg verlangten.

Der Gott des Krieges symbolisierte die dunklere Seite der menschlichen Natur, die Gewalt und Zerstörung, die aus Konflikten und Machtgier resultierten. Seine Anwesenheit auf dem Olymp war wie ein ständiges Mahnmal für die zerstörerischen Kräfte, die in der Welt der Sterblichen lauerten.

Obwohl Ares oft als der blutrünstige Gott des Krieges galt, war seine Existenz auf dem Olymp ein Hinweis darauf, dass selbst in der Dunkelheit des Konflikts die Götterwelt Platz für Vielfalt und Komplexität bot.

Ares, der furchtlose Gott des Krieges, war eine Gestalt von unerbittlicher Macht und unaufhaltsamer Gewalt. Sein Thron auf dem Olymp war ein Symbol für die ständige Präsenz des Krieges in der Geschichte der Menschheit und für die Notwendigkeit, nach Frieden und Verständigung zu streben.

DIONYSOS

In den üppigen Weinbergen des Olymp, wo die Reben in wilder Freude empor rankten und der süße Duft der Trauben die Sinne berauschte, thronte Dionysos, der rauschhafte Gott des Weines, der Freude und der Ekstase. Sein Thron, geschaffen aus den üppigsten Weinreben, schien in einem ständigen Fest der Farben und Düfte zu erstrahlen.

Dionysos, der lebensfrohe Gott des Weines und der Fröhlichkeit, war von ansteckender Lebenslust erfüllt. Sein Haar, wild wie das Laub der Reben im Wind, umrahmte sein Gesicht und seine Augen, funkelnd und strahlend wie die Sterne am nächtlichen Himmel, schienen vor Freude zu leuchten.

In seiner Hand hielt Dionysos den Weinkrug, ein Symbol seiner göttlichen Gabe und der Ekstase, die der Wein den Menschen schenkte. Er war der Gott des Rausches, der Feiern und der ausgelassenen Festlichkeiten und seine Anwesenheit erfüllte die Welt mit Freude.

Dionysos war nicht nur der Gott des Weines, sondern auch der Beschützer der Künste und des Theaters. Er inspirierte Dichter und Schauspieler zu atemberaubenden Aufführungen, bei denen die Sterblichen in die Rollen der Götter schlüpfen konnten. Seine

Gaben befreiten die Kreativität der Menschen und halfen ihnen, die Welt auf neue und aufregende Weisen zu interpretieren.

Der Gott des Weines brachte Freude und Vergnügen in die Herzen der Sterblichen, aber er konnte auch die dunkleren Seiten des Rausches und der Entfremdung wecken. Seine Präsenz war in den Momenten zu spüren, in denen die Menschen nach Erlösung von ihren Sorgen und Ängsten verlangten.

Dionysos, der Gott des Weines und der Fröhlichkeit, war eine Gestalt von sinnlichem Genuss und berauschender Freude. Sein Thron auf dem Olymp war ein Symbol für die Bedeutung von Feiern und Festlichkeiten in der menschlichen Gesellschaft und für die Hoffnung, dass die Macht des Weines und der Ekstase die Menschen miteinander verbinden und das Leben in vollen Zügen genießen lassen konnte.

HADES

In den finsteren Tiefen des Olymp, dort, wo die Schatten in ewiger Dunkelheit ruhten und die Stille wie ein Mantel des Vergessens lag, thronte Hades, der düstere Gott der Unterwelt, des Todes und der Finsternis. Sein Thron, geschaffen aus schwarzem Obsidian, schien von einer Aura der Melancholie umgeben zu sein und sein Reich erstreckte sich bis in die unergründlichen Abgründe der Unterwelt.

Hades, der beherrschende Gott der Toten, war von unnachgiebiger Strenge. Seine Gestalt war gehüllt in einen Umhang aus purpurfarbenem Samt, der die Dunkelheit und den Ernst seines Reiches widerspiegelte. Seine Augen, kalt und undurchdringlich wie die Nacht selbst, schienen die Geheimnisse der Ewigkeit zu bergen.

In seiner Hand hielt Hades das Zepter der Herrschaft über die Unterwelt, ein Symbol seiner Macht und Kontrolle über die Seelen der Verstorbenen. Er war der Gott des Todes, der Richter der Seelen und der Hüter der Pforten zur Ewigkeit.

Hades war nicht nur der Gott der Unterwelt, sondern auch der Bewahrer des Gleichgewichts zwischen Leben und Tod. Er sorgte dafür, dass die Seelen der Verstorbenen ihren Platz in der Ewigen Nacht fanden und die Sterblichen die Konsequenzen ihrer Taten in der Unterwelt zu tragen hatten.

Der Gott des Todes symbolisierte die unausweichliche Realität des Sterbens und des Übergangs ins Jenseits. Seine Präsenz auf dem Olymp erinnerte die Götter und die Sterblichen gleichermaßen daran, dass das Leben vergänglich war und der Tod ein unvermeidlicher Teil des Lebensweges war.

Obwohl Hades oft als düsterer und unnachgiebiger Gott angesehen wurde, war seine Existenz auf dem Olymp ein Hinweis darauf, dass selbst in den dunkelsten Momenten des Lebens und des Sterbens eine tiefere Bedeutung und ein tieferer Sinn verborgen lagen.

Hades, der Gott der Unterwelt und des Todes, war eine Gestalt von rätselhafter Tiefe und ewiger Geheimnisse. Sein Thron auf dem Olymp war ein Symbol für die Bedeutung des Übergangs und des Abschieds in der menschlichen Gesellschaft und für die Hoffnung, dass die Seelen der Verstorbenen in Frieden ruhen konnten, während sie in die Ewigkeit hinübergingen.

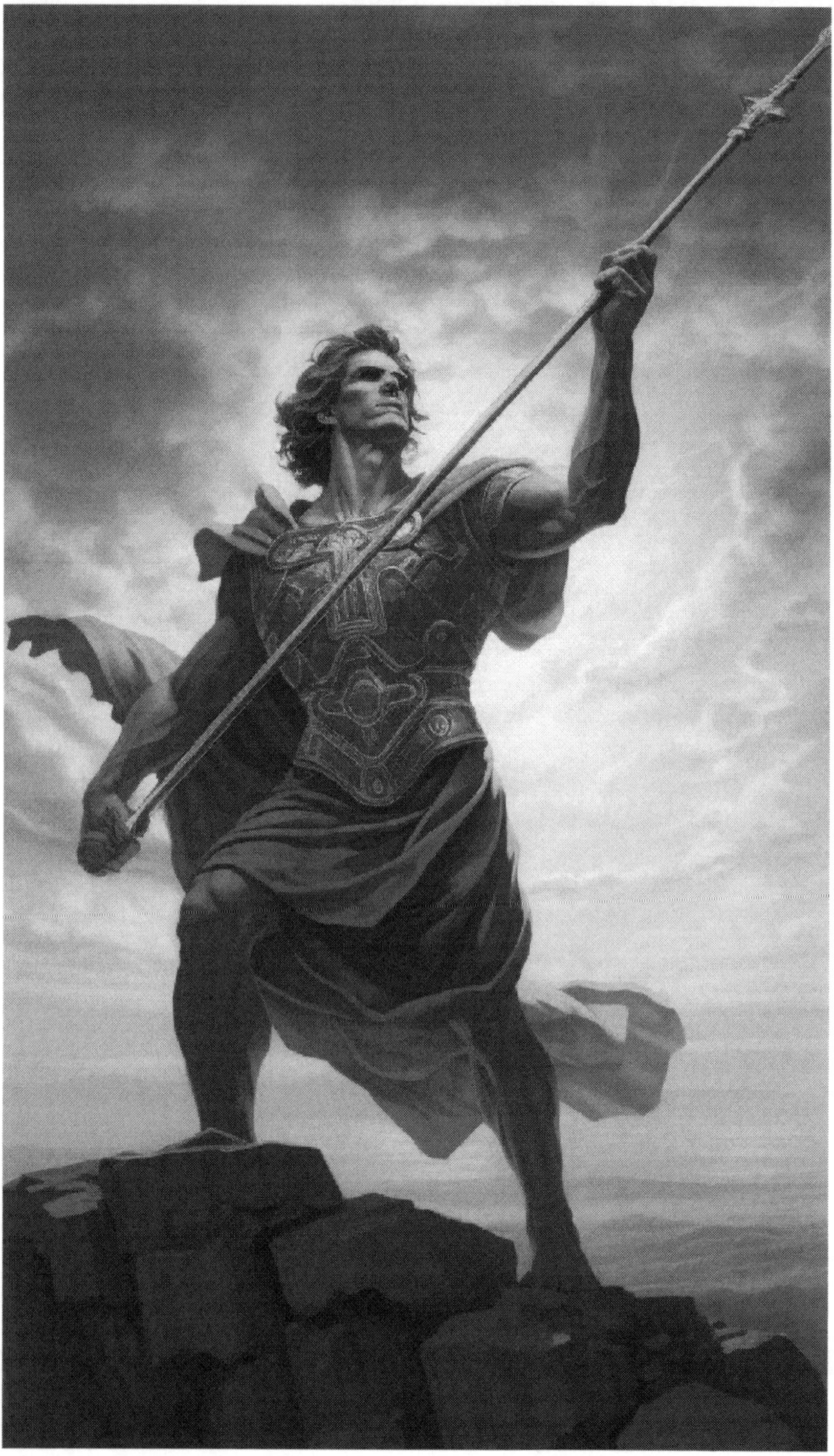

- KAPITEL 3 -

HALBGÖTTER, HEROEN UND MENSCHEN

Die griechische Mythologie ist weit mehr als nur die Geschichten der allmächtigen Götter, die den Olymp bewohnen. Sie ist ein reiches Geflecht von Erzählungen, das eine erstaunliche Vielfalt von Figuren und Wesen hervorgebracht hat. Unter diesen faszinierenden Gestalten befinden sich jene, die sich zwischen der Göttlichkeit und der Menschlichkeit bewegen – die Halbgötter, Menschen und Heroen. Diese vielschichtigen Figuren nehmen in der Mythologie eine zentrale Position ein und verleihen ihr Tiefe und Nuancen.

DIE HALBGÖTTER

In den Wirren der griechischen Mythologie, zwischen den himmlischen Höhen des Olymp und den irdischen Niederungen, existierten Wesen von außergewöhnlicher Natur – die Halbgötter. Diese Mischwesen, gezeugt aus der leidenschaftlichen Liebe zwischen Göttern und Sterblichen, trugen in sich das Erbe beider Welten. Ihre Geschichten waren geprägt von der Dualität ihrer Herkunft und von den Abenteuern, die sich aus dieser einzigartigen Verbindung ergaben.

Die Halbgötter, auch »Heroen« genannt, waren wahrlich außergewöhnliche Geschöpfe. Ihre göttlichen Vorfahren verliehen ihnen besondere Kräfte, Begabungen und Fähigkeiten, die sie von gewöhnlichen Menschen abhoben. Diese Kräfte konnten von übermenschlicher Stärke und Geschicklichkeit hin zu erstaunlichen geistigen Fähigkeiten reichen. Doch trotz ihrer göttlichen Abstammung trugen sie auch die Bürde der Sterblichkeit, was sie verwundbar machte und ihre Geschichten mit einer gewissen Tragik umhüllte.

HERAKLES

Die Legende von Herakles, dem Sohn des mächtigen Zeus und der sterblichen Alkmene, ist ein faszinierendes Kapitel in der griechischen Mythologie. Seine außergewöhnliche Stärke und seine heroischen Taten machten ihn zu einer der bekanntesten und bewunderten Figuren der Antike.

Die »zwölf Arbeiten« von Herakles sind das Herzstück seiner Legende und haben seinen Namen für immer in die Geschichtsbücher eingraviert. Jede dieser Aufgaben war scheinbar unmöglich, ja geradezu titanisch und dennoch überwand Herakles sie mit unerschütterlicher Entschlossenheit und übermenschlicher Kraft.

Eine der ersten Arbeiten war das Bezwingen der Nemeanischen Löwin, eines unbesiegbaren Ungeheuers mit einem unverwundbaren Fell. Herakles besiegte die Bestie, indem er sie erdrosselte und trug ihr Fell fortan als Trophäe.

Eine weitere der legendären Aufgaben war die Reinigung der Augiasställe. Diese Ställe waren seit Jahren nicht gereinigt worden und beherbergten Tausende von Vieh. Herakles bewältigte diese scheinbar unmögliche Aufgabe, indem er die Flüsse Alpheios und Peneios umleitete, um die Ställe zu spülen.

Herakles heroische Taten erstreckten sich über die ganze bekannte Welt. Seine Abenteuer waren von zahlreichen Kämpfen gegen Bestien und Ungeheuer, wie die Hydra, den Erymanthischen Eber und den Höllenhund Kerberos, geprägt. Doch nicht nur seine körperliche Stärke zeichnete ihn aus; er besaß einen unerschütterlichen Geist und eine bemerkenswerte Fähigkeit zur Überwindung von Hindernissen.

Herakles Geschichte ist aber nicht nur von Triumph geprägt. Seine Tragödie liegt in den Momenten menschlicher Schwäche, die seine großen Taten überschatteten. Unter dem Einfluss von Götternektar tötete er versehentlich seine Frau und Kinder, was zu einem schmerzhaften Exil und jahrelanger Buße führte. Dennoch zeigte auch diese Phase seiner Geschichte die menschliche Seite von Herakles, die Fähigkeit zur Selbstreflexion und zur Überwindung von Schuld.

Herakles ist das Symbol für die menschliche Bestrebung nach Größe und Überwindung von Schwierigkeiten angesehen. Seine Legende inspiriert uns, dass selbst in den dunkelsten Stunden und inmitten von Fehlern und Schwächen wahre Stärke und Heldentum erstrahlen können.

PERSEUS

Perseus, der mutige Sohn des mächtigen Zeus und der sterblichen Danae, ist eine faszinierende Figur in der griechischen Mythologie. Seine Legende ist von erstaunlichen Abenteuern und heroischen Taten geprägt, die seine Entschlossenheit und seinen klugen Verstand unterstreichen.

Eines der beeindruckendsten Ereignisse in Perseus Leben war seine Begegnung mit der Gorgone Medusa. Medusa war ein schreckliches Ungeheuer mit Schlangenhaaren und einem Blick, der jeden in Stein verwandelte. Mit List und Geschicklichkeit gelang es Perseus, Medusa zu enthaupten, ohne sie anzusehen, indem er sich in einem Spiegel betrachtete. Er nutzte dann ihren Kopf als Waffe und verbannte ihre schreckliche Macht.

Perseus Abenteuer führten ihn jedoch nicht nur zur Begegnung mit Medusa. Auf seiner Reise rettete er die schöne Prinzessin Andromeda, die an einen Felsen gefesselt und von einem Seeungeheuer bedroht wurde. Mit dem Kopf der Medusa in der Hand rettete er sie und heiratete sie später, was seine Tapferkeit und sein Mitgefühl unterstrich.

Eine weitere wichtige Aufgabe war die Befreiung seiner Mutter Danae, die von ihrem eifersüchtigen Vater Acrisius eingesperrt worden war. Perseus zeigte dabei nicht nur körperliche Stärke, sondern auch eine starke familiäre Bindung.

Die Legende von Perseus lehrt uns, dass Intelligenz und Entschlossenheit genauso wichtig sind wie physische Stärke. Perseus Fähigkeit, die gefährlichsten Aufgaben zu bewältigen, indem er seine eigenen Fähigkeiten und die von Göttern gewährte Hilfe nutzte, ist ein Zeugnis für die Vielseitigkeit von Helden in der griechischen Mythologie.

Perseus erlangte Ruhm und Berühmtheit, nicht nur durch das Besiegen von Monstern, sondern auch durch sein Mitgefühl und seine Familie. Seine Geschichte erinnert uns daran, dass wahre Größe nicht nur in heroischen Taten, sondern auch in Menschlichkeit und Mitgefühl gefunden wird.

ACHILLES

Achilles, der stolze Sohn der Meeresnymphe Thetis und des sterblichen Königs Peleus, ist zweifellos einer der prominentesten und tragischsten Helden der griechischen Mythologie. Seine Geschichte ist von Ruhm, Leidenschaft und tragischem Untergang geprägt.

Achilles außergewöhnliche Stärke und Unverwundbarkeit waren legendär. Seine Mutter Thetis hatte ihn als Kind in den Fluss Styx getaucht, wodurch sein Körper bis auf seine Ferse unverwundbar wurde. Diese Achillesferse sollte später zu seinem Verhängnis werden.

Im Trojanischen Krieg, einem der berühmtesten Konflikte der Antike, spielte Achilles eine entscheidende Rolle. Sein Zorn über den Verlust von Briseis, einer Kriegsgefangenen, führte dazu, dass er sich zunächst von den Kämpfen zurückzog. Dies hatte katastrophale Auswirkungen auf die griechische Armee, da Achilles einer ihrer mächtigsten Krieger war. Erst nach dem Tod seines Freundes Patroklos kehrte er auf das Schlachtfeld zurück, getrieben von Rache und Zorn.

Seine Konfrontation mit Hektor, dem größten Krieger der Troier, war ein Höhepunkt des Krieges. Achilles tötete Hektor und schleifte seinen Leichnam hinter seinem Streitwagen her, was zu einer weiteren tragischen Wendung seiner Geschichte führte.

Achilles selbst traf schließlich ein schicksalhaftes Ende. Paris, ein Prinz von Troja, traf ihn mit einem Pfeil in die Ferse, seiner einzigen verletzlichen Stelle. Achilles starb und sein Tod war ein Symbol für die Vergänglichkeit selbst der größten Helden.

Die Geschichte von Achilles lehrt uns, dass selbst die mächtigsten und ruhmreichen Helden nicht unverwundbar sind. Sie zeigt auch, wie Zorn und Stolz, selbst bei den tapfersten Kriegern, tragische Konsequenzen haben können. Achilles steht für den ewigen Konflikt zwischen menschlichen Leidenschaften und dem Schicksal, der in vielen tragischen Geschichten der griechischen Mythologie zum Ausdruck kommt.

Sein Mythos hat die Jahrhunderte überdauert und ist eine dauerhafte Erinnerung an die Komplexität der menschlichen Natur und die Vergänglichkeit des Ruhms.

THESEUS

Theseus, der tapfere Sohn von Poseidon und Aigeus, dem König von Athen, ist ein Held, dessen Abenteuer und Heldentaten die Herzen der Menschen seit Jahrhunderten faszinieren. Seine Reise ins Labyrinth des Minotaurus war zweifellos eines seiner größten Abenteuer, aber sein Leben war von vielen weiteren heroischen Taten geprägt.

Nachdem Theseus erfahren hatte, dass er der Sohn des Königs Aigeus war, machte er sich auf den Weg nach Athen, um seinen rechtmäßigen Platz einzunehmen. Unterwegs wurde er mit zahlreichen Prüfungen konfrontiert, darunter die Begegnung mit dem räuberischen Riesen Prokrustes und dem wilden Eber Phaia. Diese Begegnungen zeigten seine Tapferkeit und seinen unerschrockenen Geist.

Aber Theseus berühmtester Moment war zweifellos seine Konfrontation mit dem Minotaurus im Labyrinth von Knossos. Mithilfe von Ariadne, der Tochter des kretischen Königs Minos und einem magischen Faden, den sie ihm gab, um den Weg zurückzufinden, durchquerte Theseus das verzwickte Labyrinth und tötete das schreckliche Ungeheuer. Sein Sieg über den Minotaurus war nicht nur ein Triumph der Tapferkeit, sondern auch ein Symbol für die Überwindung von Dunkelheit und Ungeheuern.

Theseus kehrte nach Athen zurück und wurde zum Helden der Stadt. Seine Taten und seine Klugheit machten ihn zu einem Symbol für Mut und Intelligenz. Unter seiner Führung erlebte Athen eine Zeit des Wohlstands und der Ordnung.

Dennoch war Theseus Leben nicht frei von Konflikten und Tragödien. Seine Abenteuer führten ihn in gefährliche Situationen und seine Entscheidungen hatten manchmal unerwartete Konsequenzen. Seine Beziehung zu Frauen wie Ariadne und Phaidra führte zu komplizierten Dramen und Familienschwierigkeiten.

Die Geschichte von Theseus lehrt uns, dass Heldentum nicht nur durch körperliche Stärke, sondern auch durch Klugheit und moralische Entschlossenheit definiert wird. Sein Erbe ist ein Vermächtnis der Tapferkeit und des Kampfes für das Gute, das in der griechischen Mythologie und darüber hinaus weiterlebt. Theseus steht für die Überwindung von Hindernissen und das Streben nach Tugend in einer Welt voller Herausforderungen und Versuchungen.

IASON

Die Geschichte von Iason, dem mutigen Anführer der Argonauten, ist ein beeindruckendes Kapitel in der griechischen Mythologie. Sein heroisches Abenteuer, die Suche nach dem Goldenen Vlies, zeugt von seiner Führungsfähigkeit, Entschlossenheit und Klugheit.

Iason versammelte eine Gruppe von tapferen Helden um sich, die später als die Argonauten bekannt wurden. Gemeinsam segelten sie auf dem mythischen Schiff, der Argo, um das Goldene Vlies zu finden. Dieses Vlies war das Fell eines geflügelten Widders, das mit goldenem Schimmer erstrahlte und in einem fernen Land, Kolchis, bewacht wurde.

Die Reise der Argonauten war von zahlreichen Abenteuern und Prüfungen geprägt. Sie durchquerten gefährliche Gewässer, begegneten mythischen Kreaturen und bestanden Herausforderungen, die ihre Stärke und ihren Mut auf die Probe stellten. Unter Iasons kluger Führung bewältigten sie diese Hindernisse und rückten dem Goldenen Vlies näher.

Eine der bekanntesten Episoden ihrer Reise war die Begegnung mit der gefährlichen Harpyie Phineas, die von den Göttern verflucht worden war. Iason und die Argonauten halfen Phineas, die Harpyien zu vertreiben und erhielten dafür wertvolle Informationen für ihre weitere Reise.

In Kolchis angekommen, stellte Iason sich König Aietes und forderte das Goldene Vlies. Doch dieser verlangte unmögliche Aufgaben von Iason, um das Vlies zu erhalten. Mithilfe von Medea, der Tochter des Königs und ihren magischen Kräften konnte Iason diese Aufgaben bewältigen und das Goldene Vlies erlangen.

Die Rückkehr der Argonauten nach Griechenland war jedoch nicht ohne Schwierigkeiten und sie wurden weiterhin von Gefahren verfolgt. Trotzdem kehrten sie schließlich erfolgreich nach Hause zurück, das Goldene Vlies als Zeichen ihres Triumphs mit sich führend.

Iason zeigte in dieser epischen Reise nicht nur physische Tapferkeit, zudem auch Führungsfähigkeiten und Entschlossenheit. Seine Geschichte erinnert uns daran, dass wahre Führung oft in der Fähigkeit liegt, Hindernisse zu überwinden und ein Team von Helden zu inspirieren, das scheinbar Unmögliche zu erreichen. Iason und die Argonauten sind ein zeitloses Beispiel für den Geist des Abenteuers und des gemeinsamen Ziels in der griechischen Mythologie.

ASKLEPIOS

Die Geschichte von Asklepios, dem Gott der Heilkunst, ist eine, die bis in die heutige Zeit reicht und die Bedeutung der Medizin und Heilung in der griechischen Mythologie unterstreicht. Sein Erbe als Heiler und Arzt hat über die Jahrhunderte hinweg Bestand und ist immer noch ein Symbol der Medizin und Heilung.

Asklepios wurde als Sohn des mächtigen Gottes Apollon und einer sterblichen Frau namens Koronis geboren. Schon in jungen Jahren zeigte er außergewöhnliches Talent in der Heilkunst und Medizin. Sein Vater Apollon, der Gott der Künste, Musik und Heilung, lehrte ihn die Geheimnisse der Medizin und half ihm, seine Fähigkeiten weiterzuentwickeln.

Es heißt, dass Asklepios so geschickt im Heilen war, dass er sogar Tote wieder ins Leben zurückbringen konnte. Diese Fähigkeit brachte ihm große Verehrung und Anerkennung ein, aber sie rief auch die Eifersucht der Götter hervor. Zeus, der höchste der olympischen Götter, griff ein und tötete Asklepios mit einem Blitzschlag, um das Gleichgewicht zwischen Göttern und Sterblichen zu wahren.

Dennoch lebte das Erbe von Asklepios weiter. Seine Anhänger verehrten ihn als Gott der Heilkunst und gründeten Heiligtümer und Tempel in seinem Namen. Das berühmteste dieser Heiligtümer war das Asklepieion in Epidauros, das zu einem Zentrum der medizinischen Versorgung und des Heilens wurde. Hier kamen Menschen aus der ganzen griechischen Welt, um Heilung zu suchen.

Asklepios Symbol, die Schlange, hat bis heute in der Medizin überlebt und ist das Symbol der Ärzte und medizinischen Einrichtungen weltweit. Die Verbindung zwischen der Schlange und der Heilkunst stammt aus der Mythologie, da Asklepios oft von einer Schlange begleitet wurde, die als Symbol der Wiedergeburt und Heilung galt.

Die Geschichte von Asklepios erinnert uns daran, dass Heilung eine Kunst und Wissenschaft ist, die seit Langem von den

Menschen geschätzt wird. Seine Hingabe an die Heilkunst und seine Fähigkeit, Menschen zu helfen, sind zeitlose Symbole für die Menschlichkeit und die unermüdliche Suche nach Gesundheit und Wohlbefinden.

PERSEPHONE

Die Geschichte von Persephone, der Tochter von Zeus und Demeter, ist ein faszinierendes Kapitel in der griechischen Mythologie, das den Wechsel der Jahreszeiten erklärt und tiefe symbolische Bedeutung trägt.

Persephone wurde von Hades, dem Gott der Unterwelt, entführt und in die Dunkelheit der Unterwelt gebracht. Demeter, die Göttin der Fruchtbarkeit und Mutter von Persephone, war außer sich vor Trauer über den Verlust ihrer Tochter. In ihrer Verzweiflung verweigerte sie der Erde ihre Fruchtbarkeit und brachte eine kalte und trostlose Jahreszeit hervor.

Die Götter intervenierten schließlich, um die Katastrophe zu verhindern und erreichten eine Vereinbarung. Persephone durfte einen Teil des Jahres in der Unterwelt verbringen und den Rest auf der Erde bei ihrer Mutter. Während ihrer Abwesenheit aus der Unterwelt trug sie zum Wachstum und zur Fruchtbarkeit der Erde bei und die Jahreszeiten des Frühlings und Sommers blühten auf. Wenn sie jedoch in die Unterwelt zurückkehrte, brachen der Herbst und der Winter an und die Natur ging in eine Phase der Ruhe.

Persephone symbolisiert somit die Wiedergeburt und das Wachstum. Ihre Geschichte veranschaulicht den ewigen Zyklus von Leben, Tod und Wiedergeburt, der in der Natur und im menschlichen Leben zu finden ist. Sie lehrt uns, dass aus Dunkelheit und Verlust immer wieder neues Leben und Hoffnung erwachsen können.

Persephones Geschichte hat auch eine tiefere spirituelle Bedeutung. Sie steht für die Idee, dass selbst in den dunkelsten Stunden des Lebens die Aussicht auf Wiedergeburt und

Erneuerung besteht. Diese Botschaft der Hoffnung und der ewige Kreislauf des Lebens haben die Menschen seit Jahrhunderten inspiriert und wird in vielen Kulturen und Religionen auf unterschiedliche Weisen interpretiert.

Die Geschichte von Persephone erinnert uns daran, die Natur zu respektieren und den Kreislauf des Lebens zu akzeptieren, der stets Verlust und Gewinn, Dunkelheit und Licht, Tod und Wiedergeburt umfasst. Ihre Geschichte zeigt uns, dass selbst in den schwierigsten Zeiten die Möglichkeit der Erneuerung und des Wachstums besteht und dass das Leben immer weitergeht, genau wie die Jahreszeiten.

Die Geschichten dieser Halbgötter waren geprägt von heroischen Taten, gefahrvollen Reisen und schwierigen Prüfungen. Sie kämpften gegen übermächtige Gegner, stellten sich ihren eigenen inneren Dämonen und lernten die Bedeutung von Opfer und Hingabe kennen. Ihre Leben waren ein Balanceakt zwischen göttlicher Bestimmung und menschlichen Schwächen und genau in dieser Spannung liegt der Reiz ihrer Geschichten.

So erzählen die Halbgötter der Antike nicht nur von der Verbindung zwischen Göttern und Sterblichen, sondern auch von der menschlichen Fähigkeit, über sich selbst hinauszuwachsen und wahre Größe zu erreichen. Ihre Abenteuer sind zeitlose Inspirationen für all jene, die nach Heldentum und Überwindung streben.

DIE HEROEN

In den Annalen der griechischen Mythologie, wo Götter den Himmel beherrschten und Sterbliche die Erde bewohnten, traten jene mutigen Seelen hervor, die als Heroen bekannt waren. Diese Sterblichen waren mehr als nur gewöhnliche Menschen; sie waren auserwählt, um außergewöhnliche Taten zu vollbringen und sich in den Legenden der Antike zu verewigen.

Die Heroen waren Männer und Frauen von beeindruckendem Charakter und unwiderstehlichem Mut. Sie verkörperten die Ideale der Tugend, des Heldentums und der Ausdauer. Ihre Abenteuer führten sie an die Grenzen der Welt und darüber hinaus, wo sie Ungeheuer, Bestien und Gefahren aller Art bezwangen.

BELLEROPHON

Bellerophon, der tapfere Reiter des geflügelten Pferdes Pegasus, verkörperte die Essenz der Heroen, die sich mutig gegen die Schrecken der Welt stellten. Sein Leben war geprägt von Abenteuern und Prüfungen, die nicht nur seinen körperlichen Mut, sondern auch seine moralische Standhaftigkeit auf die Probe stellten.

Nachdem Bellerophon die furchterregende Chimäre besiegt hatte, wurde er von König Iobates nach Lykien gesandt, wo er weitere gefährliche Monster bekämpfen sollte. Doch hier offenbarte sich ein anderes Element seines Charakters: seine Bescheidenheit. Anstatt sich in kriegerischer Eitelkeit zu verlieren, erkannte Bellerophon, dass es nicht nur seine eigene Stärke war, die ihm half, sondern auch die Gunst der Götter, die ihm Pegasus geschenkt hatten.

Die Götter jedoch entschieden, Bellerophon auf die Probe zu stellen und schickten ihm eine Fliege, die sein Pferd Pegasus stach. In einem unglücklichen Moment verlor Bellerophon den Halt und stürzte von Pegasus. Fortan konnte er nicht mehr auf dem geflügelten Pferd reiten und verbrachte den Rest seines Lebens in Einsamkeit und Demut.

Die Geschichte von Bellerophon dient als Erinnerung daran, dass nicht nur körperliche Tapferkeit, sondern auch moralische Integrität und Dankbarkeit die wahren Merkmale eines Helden sind. Sein Niedergang nach dem Verlust von Pegasus zeigt, dass der Hochmut vor dem Fall kommt und wahre Größe in der Anerkennung unserer Grenzen und der Abhängigkeit von den Göttern liegt.

Bellerophons Leben lehrt uns, dass der Sieg über das Böse und die Überwindung von Herausforderungen nicht nur durch physische Macht, sondern auch durch Tugend und Demut erreicht werden können. Seine Geschichte ist ein Mahnmal für die Vielschichtigkeit des Heldentums und die menschliche Fähigkeit, selbst in den dunkelsten Stunden zu glänzen.

AENEAS

Aeneas, der tapfere trojanische Held, ist eine herausragende Figur in der römischen Mythologie und Literatur. Seine epische Reise, wie sie in Vergils Meisterwerk, der »Aeneis«, erzählt wird, ist nicht nur eine Heldenreise, sondern auch eine Allegorie für den Aufstieg Roms und den Übergang von einer untergegangenen Zivilisation zu einer neuen Blüte.

Nach dem Fall von Troja, als die griechischen Streitkräfte die Stadt eroberten und zerstörten, begann Aeneas lange und gefährliche Odyssee. Er war von den Göttern dazu auserwählt, eine neue Heimat für die Überlebenden von Troja zu finden und eine glorreiche Zukunft zu sichern. Diese Aufgabe war von unermüdlicher Entschlossenheit geprägt und mit zahlreichen Prüfungen und Hindernissen gespickt.

Aeneas Reise führte ihn über das Mittelmeer, wo er auf göttliche Interventionen, mythologische Kreaturen und verzauberte Orte stieß. Er besuchte die Stadt Karthago, wo er eine Beziehung zur Königin Dido einging, bevor er sein Schicksal erkannte und sich auf den Weg zur Gründung des künftigen Roms machte.

Die Aeneis enthüllt Aeneas als den Urvater der Römer und präsentiert ihn als ein Idealbild römischer Tugenden wie Pflichtbewusstsein, Tapferkeit und Patriotismus. Seine Reise symbolisiert den Übergang von der zerstörten Heimat Troja zur Gründung einer neuen, mächtigen Zivilisation, die Rom werden sollte. Diese Übertragung von Trojas Erbe auf Rom unterstreicht die Vorstellung, dass Rom das legitime Erbe und die Fortsetzung der antiken Troja war.

Die Geschichte von Aeneas wurde im antiken Rom als Inspirationsquelle und als Bestätigung der römischen Vorherrschaft und Bestimmung interpretiert. Sie untermauerte das Selbstverständnis Roms als eine großartige Nation, die auf den Schultern der Helden der Vergangenheit stand. Aeneas selbst wurde zu einem Nationalhelden und Symbol für die Größe Roms.

In der Aeneis und in der Geschichte von Aeneas finden wir nicht nur eine epische Reise, sondern auch eine kulturelle Erzählung, die die Kontinuität und den Anspruch einer Zivilisation auf ihre eigene Identität und Geschichte betont. Aeneas erinnert uns daran, dass aus den Trümmern der Vergangenheit oft die Grundlagen für eine strahlende Zukunft gelegt werden können.

ATALANTA

Atalanta, die schnelle Jägerin, war eine herausragende Gestalt in der griechischen Mythologie und ein lebendiges Beispiel für die Stärke und Unabhängigkeit von Frauen in einer Welt, die oft von männlichen Helden dominiert wurde.

Ihre Geschichte ist geprägt von einer bemerkenswerten Entschlossenheit. Als sie geboren wurde, hatte ihr Vater, enttäuscht über die Geburt einer Tochter, beschlossen, sie im Wald auszusetzen. Doch Atalantas Leben sollte anders verlaufen. Eine Bärin nahm sich ihrer an und zog sie auf und so wuchs sie zu einer furchtlosen Jägerin heran. Ihr Geschick im Bogenschießen und ihre unübertroffene Geschwindigkeit beim Laufen machten sie zu einer Legende unter den Jägern und Kriegern ihrer Zeit.

Atalantas Unabhängigkeit und Selbstbewusstsein waren bemerkenswert. Sie weigerte sich, sich einem Mann zu unterwerfen, es sei denn, er könne sie im Wettlauf besiegen und diejenigen, die es versuchten und scheiterten, bezahlten oft mit ihrem Leben. Ihre Liebe zur Freiheit und ihre Unabhängigkeit von männlicher Dominanz machten sie zu einer der ersten feministischen Ikonen in der griechischen Mythologie.

Ihre Reise mit den Argonauten, einer Gruppe von Helden, die das Goldene Vlies suchten, zeigte ihre Entschlossenheit und ihren Beitrag zu heroischen Unternehmungen. In der männlich dominierten Welt der Argonauten trug Atalanta dazu bei, die Crew in gefährlichen Situationen zu retten und zeigte, dass Stärke und Geschicklichkeit nicht an Geschlecht gebunden sind.

Atalantas Geschichte erinnert uns daran, dass Frauen in der griechischen Mythologie nicht nur Opfer oder Objekte der Begierde waren, sondern auch aktive Gestalterinnen ihrer eigenen Schicksale. Sie repräsentiert den Geist der Unabhängigkeit und die Fähigkeit, Hindernisse zu überwinden, unabhängig von Geschlecht oder gesellschaftlichen Erwartungen.

Ihre Legende hat die Jahrhunderte überdauert und inspiriert immer noch Frauen auf der ganzen Welt, für ihre Rechte einzutreten und sich selbstbewusst in der Welt zu behaupten. Atalanta lehrte uns, dass Stärke und Selbstbestimmung zeitlose Tugenden sind, die von jeder Person, unabhängig von ihrem Geschlecht, erstrahlt werden können.

ÖDIPUS

Ödipus, der kluge Löser des Sphinx-Rätsels, erlangte nicht nur Ruhm und Macht, sondern wurde auch zu einer tragischen Figur, die die Schattenseiten des menschlichen Schicksals und der menschlichen Natur verkörperte. Seine Geschichte ist ein düsteres Meisterwerk der griechischen Tragödie, das die Unausweichlichkeit des Schicksals und die Tragödie menschlicher Schwächen aufzeigt.

Nachdem Ödipus das Rätsel der Sphinx gelöst hatte, wurde er zum König von Theben gekrönt und genoss eine Zeit des Wohlstands und der Stabilität. Doch das Schicksal hatte dunkle Pläne für ihn. Als er begann, die Wahrheit über seine Herkunft zu enthüllen, stürzte er in einen Abgrund aus Verzweiflung und Entsetzen.

Die Enthüllung, dass Ödipus unwissentlich seinen eigenen Vater getötet hatte und seine eigene Mutter heiratete, war ein Akt des unausweichlichen Schicksals, das die griechische Tragödie so fesselnd macht. Die Götter hatten sein Leben vorherbestimmt und all seine Bemühungen, diesem düsteren Pfad zu entkommen, erwiesen sich als vergeblich.

Ödipus Reaktion auf die Wahrheit war zutiefst tragisch. Er stach sich die Augen aus, um die Welt nicht mehr sehen zu müssen und wurde zu einem symbolischen Bild für die Selbstbestrafung und die verzweifelte Suche nach Erkenntnis. Sein Leiden und seine Blindheit wurden zu einem Sinnbild für die menschlichen Schattenseiten, für die Begrenzungen unseres Wissens und die Konsequenzen unserer Taten.

Die Geschichte von Ödipus lehrt uns, dass das Schicksal manchmal unerbittlich ist und unsere Handlungen unvorhersehbare Konsequenzen haben können. Sie erinnert uns auch daran, dass wir als Menschen nicht perfekt sind und unsere Schwächen und Fehler ein untrennbarer Teil unserer Existenz sind.

Ödipus steht für die dunklen Abgründe der menschlichen Psyche und die ständige Suche nach Erkenntnis und Wahrheit, auch wenn diese Erkenntnis schmerzhaft sein kann. Seine Geschichte hat die Menschen über die Jahrhunderte hinweg fasziniert und wird immer wieder als Symbol für die Tragik und die Ambivalenz des menschlichen Lebens betrachtet.

ODYSSEUS

Die Geschichte von Odysseus, dem Listenreichen, ist ein episches Meisterwerk, das die Abenteuer und Prüfungen eines Helden erzählt, der nach dem Trojanischen Krieg verzweifelt danach strebt, nach Hause zurückzukehren. Seine Reise, wie sie in Homers Odyssee beschrieben wird, ist eine epische Odyssee durch die Gefahren und Wunder der antiken Welt.

Nachdem der Trojanische Krieg beendet war, begann für Odysseus eine lange und beschwerliche Heimreise. Sein Weg führte ihn über die Inseln des Mittelmeers, in die Arme verführerischer Sirenen, durch die gefährlichen Wirbel des Meeres und an die Küsten exotischer Länder. In jeder Etappe seiner Reise zeigte er erstaunliche List und Entschlossenheit.

Eines der bekanntesten Abenteuer auf seiner Reise war seine Begegnung mit dem Zyklopen Polyphemus, den er mit einer listigen List betrog, um zu entkommen. Dieses Ereignis unterstrich Odysseus Geschick im Umgang mit Gefahren und seine kluge Anpassungsfähigkeit.

Odysseus Geschichte ist jedoch nicht nur von physischen Prüfungen geprägt, sondern auch von einer tiefen Sehnsucht nach Heimat und Familie. Während er sich bemühte, den vielen Versuchungen zu widerstehen, die ihn von seinem Ziel abbringen wollten, bewahrte er die Hoffnung auf eine Wiederkehr zu seiner Frau Penelope und seinem Sohn Telemachos.

Die Odyssee ist nicht nur ein Abenteuerroman, sondern auch eine moralische Erzählung über die Bedeutung von List, Ausdauer und den Willen, den eigenen Weg zu finden. Odysseus Bestreben, nach Hause zurückzukehren, steht für die Sehnsucht nach dem Vertrauten und die Überwindung von Hindernissen, die uns von unseren Zielen abhalten.

Am Ende seiner langen Reise kehrt Odysseus schließlich nach Ithaka zurück und befreit seine Heimat von Freiern, die seine Frau Penelope begehren. Seine Geschichte ist ein Triumph der Menschlichkeit und des Mutes und erinnert uns daran, dass die Reise oft genauso wichtig ist wie das Ziel. Odysseus lehrt uns, dass der Weg zurück nach Hause, egal wie lang und schwierig er sein mag, die Reise wert ist, wenn wir uns selbst treu bleiben und unsere inneren Stärken nutzen.

Die Heldengeschichten sind nicht nur von Tapferkeit geprägt, vielmehr von tragischen Wendungen und menschlichen Schwächen. Ihre Erfahrungen spiegelten die Höhen und Tiefen des menschlichen Lebens wider und zeigten, dass wahre Größe oft aus dem Überwinden von Hindernissen und dem Festhalten an moralischen Prinzipien entsteht.

Die Heroen der griechischen Mythologie sind unsterbliche Symbole für die Fähigkeit des Menschen, über sich selbst hinauszuwachsen und in den Gesichtern der Herausforderung wahre Größe zu erreichen. Ihre Geschichten sind zeitlose Erinnerungen an die Kraft der Menschlichkeit und den Glauben an das Unerreichbare.

HEROENREISE UND ARCHETYPISCHE MUSTER

Die Heroenreise, ein archetypisches Muster, das in vielen Geschichten der griechischen Mythologie und darüber hinauszufinden ist, ist eine faszinierende Reise der Selbsterkenntnis, des Wachstums und der Transformation. Diese Reise folgt einem bestimmten Schema, das oft in literarischer und künstlerischer Form dargestellt wird und tiefe psychologische und spirituelle Bedeutung trägt.

Die Heroenreise beginnt oft mit der Vorstellung eines gewöhnlichen Helden, der in einer alltäglichen Welt lebt. Dieser Held fühlt sich jedoch unvollständig oder unzufrieden und spürt das Verlangen nach etwas Größerem. Dieses Verlangen wird oft durch einen Ruf zum Abenteuer ausgelöst, sei es durch eine innere Vision, einen Traum oder eine äußere Herausforderung.

Der Held bricht auf und verlässt seine vertraute Umgebung, um sich auf eine Reise ins Unbekannte zu begeben. Auf diesem Weg begegnet er verschiedenen Prüfungen, Gegnern und Verbündeten. Diese Herausforderungen dienen dazu, seine Fähigkeiten zu stärken, seine Schwächen zu erkennen und seine Persönlichkeit zu formen.

Eine wichtige Phase der Heroenreise ist die Begegnung mit dem Mentor oder Weisen, der dem Helden Anleitung und Rat gibt.

Dieser Mentor kann eine Gottheit, ein alter Lehrer oder eine innere Stimme sein, die den Helden auf seinem Weg leitet.

Während der Reise erreicht der Held oft einen tiefen Abgrund oder einen Wendepunkt, an dem er vor einer existenziellen Entscheidung steht. Dies könnte eine Prüfung sein, bei der er sein eigenes Leben riskieren muss oder eine moralische Entscheidung, die sein Schicksal beeinflusst. Diese Momente der Entscheidung und Selbsterkenntnis sind entscheidend für die Entwicklung des Helden.

Schließlich kehrt der Held in seine ursprüngliche Welt zurück, doch er ist nicht mehr derselbe. Die Reise hat ihn transformiert und gereift. Er bringt neue Einsichten, Fähigkeiten und Weisheit mit sich, die er nun zum Wohl seiner Gemeinschaft einsetzen kann.

Die Heroenreise ist ein zeitloses Muster, das die menschliche Erfahrung auf tiefgründige Weise widerspiegelt. Sie erinnert uns daran, dass wir alle die Möglichkeit haben, uns auf eine Reise der Selbstentdeckung und des Wachstums zu begeben und dass wir, wenn wir die Herausforderungen und Prüfungen des Lebens meistern, zu wahren Helden werden können. Diese archetypische Reise spricht uns auf emotionaler und spiritueller Ebene an und erinnert uns daran, dass das Leben selbst die größte und aufregendste Reise ist, die wir unternehmen können.

- KAPITEL 4 -

NYMPHEN UND FABELWESEN

In der griechischen Mythologie verschmelzen die Elemente der Natur mit den Abgründen der menschlichen Seele. Die Götter, Nymphen und Fabelwesen sind Symbole für die tiefsten Sehnsüchte und Ängste der Menschheit. Ihre Geschichten laden uns ein, unsere eigene Existenz zu reflektieren und die Wunder und Geheimnisse des Lebens zu erkunden. So ist die Welt der griechischen Mythologie ist ein Schatzhaus des Wissens und der Inspiration. Sie zeigt uns, dass die Grenzen zwischen Realität und Fantasie oft bedeutungslos sind und dass die Natur und die menschliche Vorstellungskraft eine unendliche Quelle der Schönheit und des Staunens ist.

NYMPHEN

Tauchen wir ein in die faszinierende Welt der Nymphen, jene zauberhaften Wesen der griechischen Mythologie, die die natürliche Schönheit und den geheimnisvollen Zauber der Natur verkörpern. Die Nymphen sind wie Schatten im Wald, sanft wie der Fluss und strahlend wie der Sonnenschein. In diesem Abschnitt werden wir die wunderbare Vielfalt und die tiefgreifende Bedeutung dieser mystischen Wesen erkunden.

Nymphen sind Naturgeister, die in vielfältigen Formen und in allen Ecken der natürlichen Welt existieren. Sie sind die Hüterinnen von Wäldern, Bergen, Flüssen, Quellen und Meeren. Jede Nymphengruppe ist eng mit ihrem Lebensraum verbunden und trägt den Charakter und die Magie dieses Ortes in sich.

Beginnen wir mit den Dryaden, den Baumnymphen, die in den Wäldern und Hainen ihr Zuhause haben. Diese anmutigen Wesen sind eng mit den Bäumen verbunden und verkörpern deren Stärke und Schönheit. Ein jeder Baum hat seine eigene Dryade, die sein Leben bewacht und mit ihm in ewiger Verbundenheit existiert. Wenn der Baum stirbt, so geht auch die Dryade mit ihm. Ihre Geschichten erzählen von der Symbiose zwischen Mensch und Natur.

Die Nereiden, Nymphen des Meeres, sind ein weiteres bezauberndes Beispiel. Sie tanzen in den Wellen, schäumen mit dem Schaum des Ozeans und singen Lieder, die die Seele berühren. Die bekannteste unter ihnen ist Thetis, die Mutter von Achilles, einem der großen Helden der griechischen Mythologie. Ihre Verbindung zum Meer symbolisiert die Schönheit und die Unberechenbarkeit der Meeresgewalten.

Die Oreaden, Nymphen der Berge, sind stolz und majestätisch wie die Gipfel, die sie bewohnen. Sie tanzen auf den Spitzen der Berge und hallen in den Schluchten wider. Artemis, die Göttin der Jagd, wird oft von diesen Nymphen begleitet und sie teilen ihre Leidenschaft für die Wildnis und die Jagd.

Die Nymphen sind dabei nicht nur faszinierende Naturgeister, sondern auch wichtige Figuren in den Mythen und Legenden der griechischen Welt. Ihre Beziehungen zu den Göttern und Helden werfen ein Licht auf die Verflechtungen von Mensch, Natur und Göttlichkeit.

Während sie in den meisten Erzählungen als liebenswürdige und anmutige Wesen dargestellt werden, haben sie auch die Macht, Menschen zu verzaubern oder zu strafen. Ihr Erscheinen in den Geschichten der Antike verleiht diesen Erzählungen eine Tiefe und Schönheit, die bis heute fasziniert.

Die Nymphen sind Symbole der natürlichen Schönheit, der Wildnis und der geheimnisvollen Kräfte, die die Welt umgeben. Sie erinnern uns daran, dass die Natur mehr ist als nur ein physischer Ort; sie ist ein lebendiges Wesen, das atmet und pulsiert. Die Geschichten der Nymphen in der griechischen Mythologie laden uns ein, die Wunder und die Magie der Natur in all ihrer Pracht zu entdecken und zu ehren.

ZENTAUREN UND SATYRN

In der farbenfrohen Palette der griechischen Mythologie sind die Zentauren und Satyrn jene faszinierenden Kreaturen, die die Grenzen zwischen Mensch und Tier verwischen. Ihre Geschichten sind ein Spiegelbild der menschlichen Natur, mit all ihren Abgründen, Sehnsüchten und Trieben. Lassen Sie uns in die Welt dieser mythischen Wesen eintauchen und ihre geheimnisvolle Schönheit erkunden.

Die Zentauren sind halb Mensch, halb Pferd und repräsentieren eine Verbindung zwischen der menschlichen Vernunft und der animalischen Natur. Sie wurden in den Tiefen der Wälder und Berge gefunden, wo sie in Stämme lebten und als fabelhafte Jäger und Krieger bekannt waren. Der bekannteste Zentaur war Chiron, ein weiser Lehrer und Heiler, der die Helden der griechischen Mythologie, wie Achilles und Herakles, unterrichtete.

Chiron verkörperte die edleren Eigenschaften der Zentauren – Klugheit, Weisheit und Mitgefühl. Im Gegensatz dazu gab es jedoch auch wildere und brutale Zentauren, die oft in Konflikte mit den Menschen gerieten. Diese ambivalente Natur der Zentauren spiegelt die Dualität der menschlichen Existenz wider, die zwischen dem Streben nach Erleuchtung und den animalischen Instinkten schwankt.

Die Satyrn hingegen sind halb Mensch, halb Ziegen und verkörpern die ungezügelte Sinnlichkeit und Freude am Leben. Sie sind berühmt für ihre Liebe zur Musik, zum Tanz und zu den Freuden des Bacchus, des Gottes des Weins und der Ekstase. Die bekanntesten unter ihnen sind Pan, der Gott der Wälder und Hirten und sein Gefolge, das immer auf der Suche nach Vergnügen ist.

Die Geschichten der Satyrn erzählen von der Befreiung von gesellschaftlichen Konventionen und der Rückkehr zu den elementaren Freuden des Seins. Sie erinnern uns daran, dass das Leben mehr ist als nur Pflichten und Verantwortlichkeiten, sondern auch ein Fest der Sinne und des Ausdrucks. In ihrer Unbeschwertheit und ihrem lustigen Wesen verkörpern die Satyrn die menschliche Sehnsucht nach Freiheit und Vergnügen.

Sowohl die Zentauren als auch die Satyrn zeigen uns, dass die Grenzen zwischen Mensch und Tier, zwischen Vernunft und Instinkt, oft fließend sind. Ihre Geschichten sind eine Einladung, diese Vielfalt der menschlichen Natur zu erkunden und zu akzeptieren und uns daran zu erinnern, dass wir nicht nur als Wesen der Vernunft, sondern auch als Wesen der Leidenschaft und der Wildheit existieren.

SPHINX, MINOTAURUS UND ANDERE FABELWESEN

In der griechischen Mythologie gibt es eine Fülle von Fabelwesen, die die Fantasie beflügeln und die Grenzen des Vorstellbaren überschreiten. Diese Kreaturen, von der listigen Sphinx bis zum schrecklichen Minotaurus, sind mehr als nur Monster; sie sind Symbole und Spiegelbilder der menschlichen Psyche, ihrer Ängste und ihrer inneren Konflikte.

Die Sphinx, mit ihrem Löwenkörper und dem Frauenkopf, ist ein Rätsel in menschlicher Gestalt. Sie bewachte den Eingang zur Stadt Theben und stellte den Reisenden ein rätselhaftes Rätsel: "Was geht morgens auf vier Beinen, mittags auf zwei Beinen und abends auf drei Beinen?" Diese Frage war ein Test für die Weisheit der Menschen und diejenigen, die sie nicht beantworten konnten, wurden von der Sphinx verschlungen. Ihre Geschichte erinnert uns daran, dass wir unsere Intelligenz und Kreativität einsetzen müssen, um die Herausforderungen des Lebens zu meistern.

Der Minotaurus, halb Mensch, halb Stier, ist eine Gestalt von brutaler Kraft und düsterem Schrecken. Er wurde im Labyrinth von König Minos auf Kreta gefangen gehalten und ernährte sich von menschlichem Fleisch. Seine Entstehungsgeschichte, die aus einem Fluch und einer verbotenen Liebe entsprang, zeigt uns die dunklen Seiten der Leidenschaft und der Macht. Doch der Held Theseus wagte sich in das Labyrinth, um den Minotaurus zu besiegen und symbolisiert den Triumph des menschlichen Willens über das Ungeheuerliche.

Andere faszinierende Fabelwesen der griechischen Mythologie umfassen den Zyklopen, riesenhafte Einäugige und die Harpyien, geflügelte Kreaturen des Sturms, die die Seelen der Verdammten verschleppen. Jedes dieser Wesen trägt seine eigene Symbolik und seine eigenen Lehren für den Menschen.

Diese Fabelwesen sind mehr als nur Schrecken der Mythologie; sie sind eine Einladung, die dunklen und unerforschten Bereiche unserer eigenen Psyche zu erforschen. Sie sind eine Erinnerung daran, dass die menschliche Natur vielschichtig und komplex ist, dass sie sowohl Licht als auch Schatten in sich birgt. In ihren Geschichten erkennen wir unsere eigenen Ängste und Hoffnungen, unsere inneren Kämpfe und Triumphe.

Die griechische Mythologie, mit ihren unzähligen Fabelwesen, bietet uns eine Welt des Staunens und des Begreifens. Diese Kreaturen, so fremd und doch so vertraut, sind Spiegelbilder der menschlichen Erfahrung, die uns lehren, die Rätsel und Widersprüche unseres eigenen Daseins zu akzeptieren und zu verstehen. Sie laden uns ein, die Tiefen unserer eigenen Seele zu erkunden und in die unendliche Fülle der menschlichen Vorstellungskraft einzutauchen. In ihren Geschichten finden wir nicht nur Schrecken und Mysterien, sondern auch Inspiration und Weisheit, die uns für immer begleiten werden.

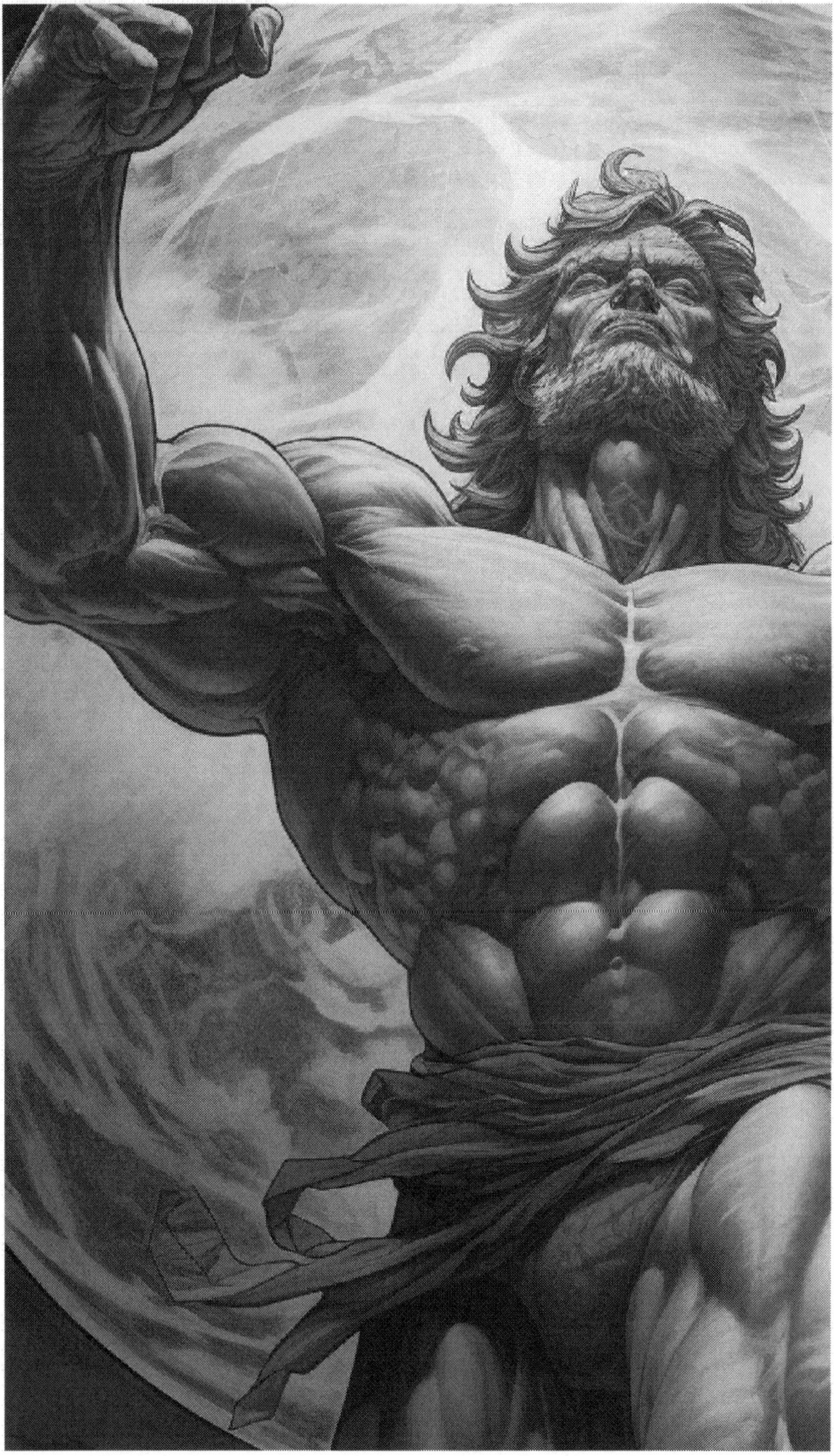

- KAPITEL 5 -
TITANEN UND IHRE REBELLION

In den frühesten Tagen des Kosmos, als die Welt selbst noch ein ungeschliffener Edelstein im Dunkeln des Universums war, wurden die Titanen geboren. Sie erhoben sich aus der Verbindung von Uranos, dem Himmel und Gaia, der Erde und waren die Kinder des Urgrundes, aus dem alles Leben entsprang.

Die Titanen trugen die Essenz der Erde und des Himmels in sich, eine Verbindung zwischen den Elementen, die sie stark und einzigartig machte. Ihr Ursprung war tief in den Urkräften der Natur verwurzelt und so waren sie die Urväter, aus denen die Welt, wie wir sie kennen, hervorging.

Ihre Namen und Attribute waren eine Ode an die Naturphänomene, die sie repräsentierten. Kronos, der Anführer der Titanen, war mit der Zeit und der Ewigkeit verbunden und seine Sense schnitt durch die Tage und Nächte. Hyperion, der Titan der Sonne, brachte Licht und Wärme in die Welt. Theia, seine Schwester, war die strahlende Helligkeit der Sterne am nächtlichen Himmel.

Die Bedeutung der Titanen ging aber weit über ihre individuellen Attribute hinaus. Sie waren die Wächter der ursprünglichen Ordnung des Kosmos, die Bewahrer der Naturgesetze und der Zyklen des Lebens. Ihr Ursprung in der Verbindung von Himmel und Erde spiegelte die fundamentale Einheit der Welt wider.

Die Titanen repräsentierten die Sehnsucht nach Freiheit und Unabhängigkeit. Als die jüngeren olympischen Götter aufstiegen, verkörperten die Titanen den Widerstand gegen den Wandel und die Machtverschiebung. Sie weigerten sich, sich den neuen Ordnungen zu unterwerfen und ihre Rebellion war ein Zeichen für die unaufhörliche Dynamik des Universums, in der alte Kräfte gegen neue kämpften.

Ihre Bedeutung erstreckte sich dabei weit über die mythologische Erzählung hinaus. Die Titanen waren die Wurzeln der Welt, die ursprünglichen Kräfte, die die Grundlagen für alles legten, was folgte. Sie erinnerten daran, dass in den tiefsten Tiefen des Kosmos und der Natur ein Geheimnis verborgen war, das die Menschheit immer wieder dazu anregte, nach den Ursprüngen und der Bedeutung des Lebens zu suchen.

KRONOS

Dort, wo sich die Dunkelheit mit dem Licht der Sterne verschmolz, erhob sich Kronos, der finstere Titan. Er war der jüngste Sohn von Uranos, dem Himmel und Gaia, der Erde und seine Geburt wurde von einem schicksalhaften Omen begleitet. Uranos hatte seine Kinder, die Titanen, aus Furcht vor ihrer Macht im Inneren von Gaia eingesperrt. Doch Gaia sehnte sich nach Rache und schmiedete einen Plan, um ihre Kinder zu befreien.

Kronos, von seiner Mutter Gaia mit einer gewaltigen Sense ausgestattet, erhob sich gegen seinen Vater Uranos. Die Dunkelheit des Nachthimmels verbarg sein finsteres Antlitz, als er Uranos in einen verzweifelten Kampf stürzte und die Ketten, die seine Geschwister gefangen hielten, brach. Die Titanen waren befreit und Kronos übernahm die Herrschaft über die Welt.

Doch die Dunkelheit, die in Kronos Herzen lag, war unersättlich. In seiner Furcht, selbst entthront zu werden, verschlang er jeden seiner eigenen Nachkommen, sobald sie das Licht der Welt erblickten. Seine Frau und Schwester Rhea konnte das Schicksal ihrer Kinder nicht ertragen und schmiedete einen verzweifelten Plan.

Als sie schwanger von ihrem sechsten Kind war, brachte sie es heimlich auf der Insel Kreta zur Welt und gab stattdessen Kronos einen in Windeln gewickelten Stein zu verschlingen. Dieses Kind war Zeus, der spätere König der olympischen Götter.

Zeus wurde von den Nymphen und einer Ziege aufgezogen und wuchs heran, um sich gegen seinen tyrannischen Vater zu stellen. Der epische Konflikt zwischen Kronos und Zeus sollte die Geschicke des Olymp und der Welt für immer verändern.

Kronos, der finstere Titan, verkörperte die dunkle Seite der Macht und die Gier nach Herrschaft und Kontrolle. Seine Geschichte erinnert uns daran, wie die Furcht vor dem Verlust der Macht die mächtigsten Wesen verzehren kann. Doch letztlich sollte Kronos Herrschaft enden und das Licht des Olymp würde die Welt erleuchten, während Zeus und die olympischen Götter die Herrschaft übernahmen. In dieser Dunkelheit und in diesem Licht, in dieser Epoche des Wandels und der Rebellion, wurde Kronos zu einer unsterblichen Legende in der griechischen Mythologie.

RHEA

In den geheimnisvollen Tiefen des Universums, wo die Sterne leuchten und die Erde ihr uraltes Lied singt, erhob sich Rhea, die schützende Titanin. Als Schwester und Frau von Kronos, dem finsteren Herrscher der Titanen, war sie ein fester Bestandteil der uralten Ordnung des Kosmos.

Rhea war nicht nur die Gemahlin des Kronos, sondern auch die Mutter der olympischen Götter. Ihre Liebe zu ihren Kindern war so tief wie der Ozean und so stark wie die Wurzeln der Erde selbst. Doch die Dunkelheit, die in Kronos Herz wohnte, war ein Schatten, der ihre Familie bedrohte.

In den Tagen, als Kronos die Macht über die Welt übernommen hatte, fürchtete Rhea um das Leben ihrer Kinder. Ihr Mann verschlang jeden ihrer neugeborenen Söhne und Töchter, aus Angst, von einem von ihnen entthront zu werden, so wie er einst seinen eigenen Vater Uranos gestürzt hatte.

Die Trauer und Verzweiflung, die Rhea in ihrem Herzen trug, trieb sie dazu, einen riskanten Plan zu schmieden. Als sie mit ihrem sechsten Kind schwanger war, begab sie sich heimlich auf die

Insel Kreta und brachte ihr Kind, einen Sohn namens Zeus, zur Welt. Sie wickelte ihn in Windeln und gab Kronos stattdessen einen Stein zu verschlingen.

Rhea ließ Zeus von den Nymphen des Kretischen Gebirges und einer gütigen Ziege aufziehen, fernab von den Augen seines tyrannischen Vaters. Ihr Herz schmerzte vor Sehnsucht nach ihren anderen Kindern, aber sie wusste, dass Zeus die Hoffnung auf eine bessere Zukunft verkörperte.

Die Titanin Rhea wurde zur Verkörperung der schützenden Mutterliebe und des unerschütterlichen Mutes. Ihr Handeln, um ihr jüngstes Kind zu retten, symbolisierte die Kraft der Mutterliebe, die stärker ist als die Furcht vor der Dunkelheit.

Schließlich sollte Zeus heranwachsen und sich gegen seinen Vater Kronos stellen, um die Herrschaft über die Welt zu übernehmen. Rhea, die Hüterin der Hoffnung, hatte ihren Teil dazu beigetragen, das Schicksal der Götter und der Welt zu lenken.

Die Geschichte von Rhea erinnert uns daran, dass selbst in den dunkelsten Zeiten des Lebens die Liebe und der Mut einer Mutter das Licht sein können, das uns den Weg weist. Ihre Legende lebt weiter in den Herzen derer, die die Opfer und die unermüdliche Hingabe der Mütter in der ganzen Welt ehren.

KOIOS

In den stillen Weiten des Himmels, wo die Sterne ihre Geschichten in funkelnden Mustern erzählen und die Dunkelheit des Weltalls ein unendliches Geheimnis verbirgt, thronte Koios, der Titan der Unergründlichkeit. Er war einer der mächtigen Titanen, die aus der Vereinigung von Uranos, dem Himmel und Gaia, der Erde, geboren wurden.

Koios Name bedeutet »Unergründlichkeit« oder »Fragestellung« und seine Existenz spiegelte die Mysterien des Kosmos wider.

Er war der Titan, der die Geheimnisse des Himmels zu hüten schien und seine Augen blickten tief in die Unendlichkeit des Universums.

Im Gegensatz zu einigen seiner Titanen-Geschwister war Koios kein Kämpfer und kein Befreier. Er war der Hüter des Wissens, derjenige, der die Fragen stellte und nach Antworten im Sternengewölbe suchte. In den Nächten, wenn der Himmel klar und ungetrübt war, konnte man seine Gedanken in den funkelnden Sternen lesen, die seine Domäne zu sein schienen.

Koios vertrat die Idee, dass das Universum ein endloser Ozean des Wissens war, unergründlich und unerforschlich. Er war ein Suchender, ein Denker, der die Sterne und Planeten beobachtete und nach den Mustern im Chaos des Weltalls suchte. Seine Essenz war die Unergründlichkeit des Himmels und sein Geist war auf der Suche nach der Wahrheit über das Universum.

Obwohl Koios nicht in den großen Kriegen und Schlachten der Götter und Titanen eine aktive Rolle spielte, war seine Präsenz von großer Bedeutung. Er erinnerte daran, dass das Universum nicht nur aus Macht und Stärke bestand, sondern auch aus Fragen und Neugierde. Seine Existenz war eine Erinnerung daran, dass selbst in den schier unergründlichen Weiten des Kosmos Raum für das Rätselhafte und das Unbekannte war.

In den Gedanken und Augen von Koios spiegelte sich die Faszination der Menschheit für die Sterne und das Universum wider. Seine Geschichte ist eine Huldigung an die unerschöpfliche Neugierde des menschlichen Geistes und die nie endende Suche nach Wissen, die uns dazu treibt, die Geheimnisse des Universums zu enthüllen und die Unergründlichkeit des Himmels zu ergründen.

IAPETOS

Iapetos war einer der ursprünglichen Titanen, gezeugt von Uranos, dem Himmel und geboren aus Gaia, der Erde. Er trug die Essenz der Menschlichkeit in sich, die Sterblichkeit und die Vergänglichkeit. Während einige seiner titanischen Geschwister die Kräfte des Kosmos verkörperten, war er von der sterblichen Welt fasziniert, von den zarten Fäden des Lebens, die in einem endlichen Atemzug verwehten.

Sein Name klang in den Lüften wie ein Seufzer, eine Erinnerung an die flüchtige Natur der menschlichen Existenz. Iapetos strebte danach, die Sterblichen besser zu verstehen, ihre Träume und Hoffnungen, ihre Freuden und Ängste. Er wanderte oft durch die menschlichen Siedlungen und schaute den Sterblichen zu, wie sie ihr kurzes Leben lebten.

Obwohl Iapetos kein Krieger war und keine Schlachten führte wie einige seiner titanischen Verwandten, hatte er dennoch eine wichtige Rolle in der kosmischen Ordnung. Er erinnerte die Götter daran, dass die Sterblichkeit ein Teil des natürlichen Zyklus des Lebens war, ein Übergang, den jeder Mensch durchlief.

Seine Neugier und sein Mitgefühl für die Sterblichen waren eine Huldigung an die menschliche Erfahrung, an die Tragödien und Triumphe, die das Leben so kostbar machten. Seine Geschichte ist ein Tribut an die Sterblichen, die inmitten der Unendlichkeit des Kosmos einen besonderen Platz einnahmen.

Iapetos, der Titan der Sterblichkeit, lehrte uns, dass es in der Begrenztheit unseres Daseins eine Schönheit und eine Bedeutung gibt, die es zu schätzen und zu ehren gilt. Er war der Bewahrer der menschlichen Seele und der Hüter der Erinnerung an unsere Vergänglichkeit, eine Erinnerung, die uns daran erinnert, unser Leben mit Bedacht und Liebe zu führen.

HYPERION

Dort, wo die Sonne ihren goldenen Pfad über den Tag und die Nacht zieht und die Sterne in Ehrfurcht erregender Pracht erstrahlen, thronte Hyperion, der strahlende Titan der Sonne und des Lichts. Seine Erscheinung war von einer unbeschreiblichen Helligkeit, die die Dunkelheit des Nachthimmels durchbrach und die Welt mit ihrem Glanz erfüllte.

Hyperion war einer der mächtigen Titanen, die in den frühen Tagen des Kosmos geboren wurden, aus der Verbindung von Uranos, dem Himmel und Gaia, der Erde. Sein Name bedeutete »der Hohe« oder »der Erhabene« und er trug diesen Titel mit Würde, denn er war der Titan, der das Licht und die Wärme der Sonne entfachte.

Wenn Hyperion über den Himmel schritt, schien es, als ob der Tag selbst ihm gehorche. Seine goldenen Strahlen berührten die Welt und weckten sie aus dem Schlaf der Nacht. Die Blumen öffneten ihre Blüten, die Vögel sangen ihre morgendlichen Lieder und die Welt erwachte zu neuem Leben.

Hyperion war mehr als nur ein strahlender Titan; er war der Verwalter des Tages, der Herr über die Stunden des Lichts. Sein Geist war so leuchtend wie die Sonne, die er beherrschte und er führte die Welt durch den Tanz der Tageszeiten.

Obwohl Hyperion nicht in die Kriege und Schlachten der Götter und Titanen verwickelt war, war seine Präsenz von entscheidender Bedeutung für das Gleichgewicht der Welt. Sein Licht war eine Erinnerung daran, dass es inmitten der Dunkelheit immer Hoffnung und Erneuerung gab, dass das Licht des Tages die Macht hatte, die Schatten zu vertreiben.

Die Geschichte von Hyperion, dem strahlenden Titan der Sonne, ist eine Ode an die Kraft des Lichts und die Schönheit des Tages. Er erinnerte uns daran, dass selbst in den schwächsten Stunden des Lebens das Licht der Hoffnung und des Wissens uns den Weg leuchten kann. Seine Legende strahlt weiterhin hell am Himmel und in den Herzen derer, die das Tageslicht als ein Geschenk des Kosmos betrachten.

PROMETHEUS

In den Rauchfängen der Zeit, in der die Menschheit erst zaghaft die Dunkelheit durchdrang und das Feuer ein geheimnisvolles Geschenk der Götter war, stand Prometheus, der kluge Titan. Seine Geschichte ist eine, die die Sehnsucht nach Wissen und den Mut zur Rebellion gegen die göttliche Ordnung feiert.

Prometheus war anders als die meisten Titanen. Sein Name bedeutete »der Vorausdenkende« oder »der, der nach vorn schaut« und er lebte seinen Namen in jeder Hinsicht aus. Er war der Sohn von Iapetos, einem Titanen, der die Sterblichkeit der menschlichen Rasse symbolisierte.

Prometheus hatte eine unersättliche Neugier und ein Herz, das für die Sterblichen schlug. Als er die hilflosen Menschen sah, die in der Dunkelheit der Nacht fror und in der Wildnis ums Überleben kämpfte, verspürte er Mitgefühl. Er wusste, dass es etwas gab, das den Menschen helfen konnte – das Feuer, ein Geschenk der Götter.

Doch die olympischen Götter, die die Macht über den Olymp und die Welt übernommen hatten, hüteten das Feuer eifersüchtig. Sie fürchteten, dass die Menschheit zu mächtig würde, wenn sie das Feuer beherrschte und verwehrten den Menschen den Zugang dazu. Das Feuer blieb den Sterblichen ein Rätsel und sie litten unter der Kälte und der Dunkelheit.

Prometheus konnte das Leiden der Menschen nicht ertragen. Mit einem gewagten Akt der Rebellion stahl er das Feuer von den olympischen Göttern und brachte es den Menschen. Er gab ihnen das Geschenk des Lichts und der Wärme, das sie so dringend brauchten und lehrte sie, wie man das Feuer nutzte, um sich vor den Gefahren der Natur zu schützen und die Welt zu gestalten.

Die Strafe für seine Rebellion war schrecklich. Zeus, der König der Götter, befahl, dass Prometheus an den Kaukasus-Gebirgen gefesselt werde, wo ein Adler ihm täglich die Leber herausreißen würde.

Doch Prometheus ertrug die Qualen mit Würde und ohne Reue, denn er hatte den Menschen das größte aller Geschenke gemacht – das Geschenk des Wissens und der Zivilisation.

Prometheus wurde zu einem Symbol für den menschlichen Geist und den unersättlichen Durst nach Wissen und Fortschritt. Seine Geschichte erinnert uns daran, dass die Menschheit in der Lage ist, die Hindernisse der Natur zu überwinden und die Welt zu gestalten, wenn sie den Mut hat, gegen die etablierte Ordnung aufzubegehren.

Die Legende von Prometheus leuchtet wie ein Feuer in der Dunkelheit, ein Symbol für die Kraft des menschlichen Geistes und den Glauben an die unendlichen Möglichkeiten der Menschheit. Sein Name wird für immer mit der Hoffnung auf ein besseres und aufgeklärtes Morgen verbunden sein.

DIE TITANOMACHIE

Es war eine Zeit, als die Erde noch in ihrem ursprünglichen Zustand ruhte, unberührt von den zivilisatorischen Prachtentfaltungen der späteren Götter. In diesen urtümlichen Tagen des Kosmos brach ein Drama von kosmischen Ausmaßen über die Welt herein – die Titanomachie. Dieser gewaltige Konflikt zwischen den Göttern des Olymp und den uralten Titanen war ein Kampf um die Vorherrschaft über Himmel und Erde.

Die Bühne für diese epische Auseinandersetzung war der Himmel selbst, der von finsteren Wolken verdunkelt und von Blitz und Donner erhellt wurde. Die Götter des Olymp, angeführt von Zeus, traten aus dem Schatten hervor und erhoben sich gegen die alten Titanen, die von Kronos, dem finsteren Anführer, geleitet wurden. Die Erde erbebte unter ihren Schritten und der Himmel schien vor Spannung zu bersten.

Die Titanomachie, ein gewaltiges Drama von kosmischen Ausmaßen, entfaltete sich mit einer Pracht und Macht, die die Welt noch nie gesehen hatte. Die Götter und Titanen, diese göttlichen Wesen von urtümlicher Stärke und Weisheit, trafen aufeinander in einem epischen Kampf, der die Grundfesten des Universums zu erschüttern schien.

Die Welt zitterte vor der Gewalt des Konflikts. Blitze durchzuckten den Himmel, die Donner grollten wie der Zorn der Götter und die Erde bebte unter der Wucht der Schlacht. In dieser Zeit des Sturms und der Turbulenzen verschmolzen die Elemente der Natur mit den Kräften der Schöpfung und Zerstörung und das Universum selbst schien auf Messers Schneide zu balancieren.

Die Titanomachie war nicht nur ein Kampf um die Macht, sondern ein symbolischer Ausdruck der unaufhörlichen Veränderung und Evolution des Kosmos. Sie erinnerte uns daran, dass alte Ordnungen verschwinden und neuen Platz machen müssen, dass die Machtverhältnisse in der Welt stets im Wandel begriffen sind.

Die Geschichte der Titanomachie ist ein episches Kapitel in der griechischen Mythologie, ein Erbe von unvergleichlicher Schönheit und Bedeutung. Es war der Moment, in dem die Götter des Olymp die Herrschaft übernahmen und eine neue Ära der Götterherrschaft begann. Doch die Erinnerung an die Titanen, diese uralten Kräfte der Natur, sollte in den Mythen und Legenden der Menschheit für immer weiterleben, als eine Huldigung an die unaufhörliche Dynamik des Universums.

DIE BESTRAFUNG DER TITANEN

Nach dem epischen Kampf der Titanomachie, als der Himmel und die Erde erebt waren und die Götter des Olymp triumphiert hatten, stand die Frage nach der Bestrafung der besiegten Titanen im Raum. Die Welt erwartete eine Entscheidung von

Zeus, dem König der Götter, der nun die Macht über Himmel und Erde innehatte.

Die Titanen, einst mächtige Herrscher der Welt, waren indessen gefangen und besiegt. Doch Zeus, der weise und gerechte Herrscher, entschied sich nicht für grausame Rache. Er wusste, dass die Titanen trotz ihrer Rebellion Teil des ursprünglichen Kosmos waren und einen Platz in der Ordnung des Universums verdienten.

Die Bestrafung der Titanen war eine Balance zwischen Gerechtigkeit und Mitgefühl. Zeus verbannte die Titanen in den tiefsten Teil der Unterwelt, den Tartarus, eine düstere und unendliche Tiefe, die für die Ewigkeit ihr Gefängnis sein sollte. Dort waren die Titanen gefangen, unfähig, die Welt jemals wieder zu betreten.

Der Tartarus war ein Ort der Dunkelheit und des Vergessens, eine endlose Leere, in der die Titanen ihre Macht und ihre Rebellion in der Stille bereuten. Die Bestrafung war schwer, doch sie war gerecht, denn sie diente dazu, das Gleichgewicht im Universum wiederherzustellen und die Macht der Götter des Olymp zu festigen.

Die Bestrafung der Titanen erinnert uns daran, dass selbst in Zeiten des Konflikts und der Rebellion Raum für Gerechtigkeit und Mitgefühl sein kann. Sie zeigt uns, dass die Götter des Olymp, obwohl sie mächtig und unantastbar sind, dennoch die Weisheit besitzen, um in ihren Entscheidungen über die Geschicke der Welt ausgewogen zu handeln.

Die Titanen, einst mächtige und stolze Wesen, waren nun in der Dunkelheit des Tartarus gefangen und ihre Macht wurde für immer gebrochen. Doch ihre Geschichte sollte in den Mythen und Legenden der Welt weiterleben, als eine Erinnerung an die unaufhörliche Dynamik des Universums und die unauslöschliche Kraft der menschlichen Mythologie.

- KAPITEL 6 -
MYTHOLOGISCHE GEGENSTÄNDE

In der griechischen Mythologie, in den Geschichten der alten Götter und Helden, finden sich zahlreiche Artefakte und Gegenstände, die eine tiefgreifende Symbolik und Bedeutung tragen. Manche dieser Reliquien sind so tief in unserer Kultur verankert, dass sie sich sogar in unseren alltäglichen Gesprächen und Ausdrücken widerspiegeln. Diese Gegenstände sind oft magisch, symbolisch oder von großer historischer Bedeutung. In diesem Kapitel werden wir einige dieser faszinierenden Artefakte näher betrachten.

AIGIS
SCHILD DER ATHENE

In den alten Legenden der griechischen Mythologie erstrahlte das Aigis-Schild, als mächtiges Symbol der Göttin Athene. Dieser Schutzschild war mehr als nur eine einfache Verteidigungswaffe; er trug die Essenz der Göttin der Weisheit und des Krieges in sich. Athene, die kluge Göttin des Olymp, hielt diesen Schild mit großer Würde und Autorität.

Das-Schild war kein gewöhnliches Rüstungsteil. Er wurde mit einer Ziegenhaut verziert, auf der das schauerliche Haupt der Gorgone Medusa thronte. Die schlangenbesetzte Frisur und der grimmige Blick der Medusa trugen dazu bei, den Schild noch furchteinflößender zu machen. Es hieß, dass der Anblick des Schildes und seines schrecklichen Gorgonen-Motivs die Feinde der Trägerin lähmte und ihnen das Grauen des Todes vor Augen führte.

Aber das Aigis-Schild war nicht nur dazu da, Furcht und Schrecken zu verbreiten. Er verlieh seiner Trägerin, der Göttin Athene, Schutz und Autorität. Athene wurde oft als die Beschützerin der

Stadt Athen verehrt und das Aigis-Schild symbolisierte ihre schützende Hand über die Stadt und ihre Bewohner. Die Götter des Olymp schätzten die Fähigkeit des Schildes, Schutz und Macht zu gewähren.

In den Wirren der antiken Kriege und Schlachten war das Schild eine unverzichtbare Waffe und Verteidigung für diejenigen, die in den Dienst der Göttin Athene traten. Er bot nicht nur physischen Schutz vor Angriffen, sondern auch den Segen der Göttin selbst. Mit diesem mächtigen Symbol an ihrer Seite führten die Gefolgsleute von Athene ihre Armeen in die Schlacht, getröstet von dem Wissen, dass die kluge Göttin über sie wachte.

So erzählen die alten Mythen von einem Schild, der mehr war als nur ein Stück Metall und Leder. Das Aigis-Schild war ein Ausdruck von Schutz, Macht und Weisheit, der die Göttin Athene und ihre treuen Anhänger in den Wirren des antiken Griechenlands begleitete.

AMBROSIA

SPEISE UND SALBE DER GÖTTER

Ambrosia, ein Begriff, der aus der Antike stammt, verheißt mehr als nur einen köstlichen Leckerbissen. Er ist der Schlüssel zur Unsterblichkeit und grenzte die Sphäre der Götter von der Welt der Sterblichen ab.

Ambrosia, wörtlich übersetzt als »Unsterblichkeit«, war die Nahrung der Götter selbst. Diese himmlische Speise war mehr als nur ein kulinarisches Vergnügen; sie war ein Symbol für das Göttliche und die ewige Existenz. Die Götter des Olymp, die unsterblichen Wesen, nährten sich von Ambrosia, um ihre ewige Jugend und ihre übermenschlichen Kräfte aufrechtzuerhalten. Diese göttliche Nahrung war ein Geheimnis, das den Göttern vorbehalten blieb und die Sterblichen von ihnen trennte.

Doch Ambrosia war nicht nur Nahrung; sie hatte auch eine heilende Qualität. In vielen Mythen wird Ambrosia als eine heilige Salbe beschrieben, die Wunden heilen konnte. Diese göttliche Substanz wurde als das ultimative Heilmittel angesehen und konnte selbst die schwersten Verletzungen lindern. Sie symbolisierte nicht nur die körperliche Unverwundbarkeit der Götter, sondern auch ihre Fähigkeit, Leiden und Schmerz zu lindern.

In der Welt der antiken Griechen war Ambrosia mehr als nur eine Mahlzeit. Sie war ein mystisches Element, das die Grenze zwischen Göttlichkeit und Menschlichkeit markierte. Der Verzehr von Ambrosia war den Göttern vorbehalten und die Sterblichen konnten niemals davon kosten. Diese Unterscheidung zwischen der göttlichen und der irdischen Welt wurde durch Ambrosia noch deutlicher.

Die Erwähnung von Ambrosia in den griechischen Mythen erinnert uns daran, wie tief die Vorstellungen der alten Griechen von der Göttlichkeit und ihrer Unsterblichkeit waren. Diese göttliche Nahrung war mehr als nur ein Teil der Speisekarte der Götter; sie war ein Symbol für die Ewigkeit und die unüberbrückbare Kluft zwischen den Göttern und den Sterblichen.

ARGO

SCHIFF DER ARGONAUTEN

In einer Zeit, in der Helden und Götter die Welt regierten, brach eine mutige Gruppe von Abenteurern auf, um das Unglaubliche zu erreichen. Ihr Schiff, die Argo, wurde zu einem Symbol für Entschlossenheit und Heldentum.

Die Argo war kein gewöhnliches Schiff, sondern ein wahrlich legendäres Fahrzeug, das für eine außergewöhnliche Quest geschaffen wurde. Ihr Kapitän, Iason, führte eine Gruppe von Helden, bekannt als die Argonauten, auf einer epischen Reise, um das Goldene Vlies zu finden. Dieses mythische Artefakt, das von einem goldenen Widder getragen wurde, versprach Ruhm und Reichtum, aber auch Gefahren und Prüfungen.

Was die Argo besonders machte, war nicht nur ihre Mission, sondern auch ihre Herkunft. Die Göttin Athene selbst hatte dieses magische Schiff erbaut. Ihre Weisheit und ihr Talent manifestierten sich in jeder Planke des Schiffes, das die Argonauten auf ihrer Reise tragen sollte. Es war ein Geschenk der Götter, das ihre Mission unter den göttlichen Schutz stellte.

Doch die Argo hatte noch eine weitere erstaunliche Eigenschaft, die sie von gewöhnlichen Schiffen unterschied. Sie war mit dem Sprechen von Eichen aus dem heiligen Hain von Dodona ausgestattet. Diese lebendigen Bäume gaben den Argonauten Ratschläge und Anweisungen für ihre gefährliche Reise. Die Argo war somit nicht nur ein Schiff, sondern auch ein lebendiger Führer auf dieser epischen Quest.

Die Argo wurde zum Symbol des Mutes und der Entschlossenheit der Argonauten, die sich den Herausforderungen und Gefahren des Meeres stellten. Mit Athene und den sprechenden Eichen als ihre Beschützer segelten sie in unbekannte Gewässer, durchquerten gefährliche Strudel und bekämpften Ungeheuer, um das Goldene Vlies zu erreichen.

Die Geschichte der Argo und ihrer Crew ist ein Spiegelbild der Abenteuerlust und des Heldentums, die in der griechischen Mythologie so tief verwurzelt sind. Das magische Schiff, von einer Göttin erbaut und von lebendigen Bäumen beraten, symbolisiert den Glauben an die Überwindung von Schwierigkeiten und die Suche nach Ruhm und Reichtum, wenngleich die Gefahren schier unüberwindlich erscheinen. Die Argo wird immer als ein lebendiges Beispiel für die unerschütterliche Entschlossenheit derjenigen in Erinnerung bleiben, die sich auf die Suche nach dem Unmöglichen machen.

ARIADNEFADEN

GESCHENK DER ARIADNE AN THESEUS

Kein Mythos in der griechischen Mythologie ist so eng mit einem düsteren Labyrinth und der List einer Prinzessin verbunden wie die Geschichte von Ariadnes Faden.

Es war eine Zeit, in der Kreta von einem gefährlichen Ungeheuer namens Minotaurus heimgesucht wurde. Dieses schreckliche Wesen, halb Mensch, halb Stier, wurde im Herzen eines riesigen Labyrinths gefangen gehalten, das von König Minos erbaut worden war. Das Labyrinth war ein scheinbar undurchdringliches Geflecht von Gängen und Wegen, in dem es leicht war, sich zu verirren und für immer verloren zu gehen.

Ariadne, die kluge Prinzessin von Kreta, sah das Unheil, das ihr Volk heimsuchte und entschloss sich zu handeln. Sie verliebte sich in den jungen Helden Theseus, der von Athen nach Kreta gekommen war, um den Minotaurus zu besiegen und ihr Volk zu befreien. Doch sie wusste, dass er ohne Hilfe im Labyrinth verloren gehen würde.

Ariadne schmiedete einen Plan. Kurz bevor Theseus sich auf den gefährlichen Weg ins Labyrinth begab, gab sie ihm einen kostbaren Faden. Dieser Faden sollte ihm den Weg weisen und ihn sicher durch das verzweigte Labyrinth führen. Ariadne gab ihm diese lebensrettende Gabe und Theseus versprach, sie zu heiraten, wenn er die Bestie besiegen und die Argonauten nach Athen zurückbringen würde.

Mit Ariadnes Faden in der Hand und dem Mut eines Helden im Herzen betrat Theseus das finstere Labyrinth. Während er tiefer und tiefer in die Wirren des Labyrinths vordrang, wickelte er den Faden um seine Hand und folgte ihm auf dem Weg zum Minotaurus. Der Faden erwies sich als sein Rettungsanker in der Dunkelheit, führte ihn sicher zum Ungeheuer und half ihm, den Minotaurus zu besiegen.

Nach der erfolgreichen Begegnung mit dem Minotaurus folgte Theseus dem Faden zurück aus dem Labyrinth und mit Ariadnes Hilfe fand er den Ausgang. Seine Flucht war ein Triumph des Heldentums und der Cleverness. Mit der Prinzessin an seiner Seite verließ er Kreta und segelte nach Athen, wo er sein Versprechen erfüllte und Ariadne heiratete.

Die Geschichte von Ariadnes Faden ist eine erstaunliche Erzählung von Liebe, List und Mut. Das kostbare Geschenk der Prinzessin bewahrte Theseus vor einem schrecklichen Schicksal und half ihm, das Ungeheuer zu besiegen. Diese Erzählung erinnert uns daran, dass selbst in den finstersten Labyrinthen des Lebens ein Lichtstrahl der Hoffnung und ein Faden der Liebe uns den Weg weisen können.

ÄSKULAPSTAB
ATTRIBUT DES ASKLEPIOS

Bis heute ist der Äskulapstab in der medizinischen Welt als ein Zeichen für Heilung und Gesundheit präsent. Das mächtige Symbol, oft mit einer Schlange umwickelt, trägt die Geschichte von Heilung und die Verbindung zu einem der großen Götter des Olymp – Asklepios.

Asklepios, der Gott der Heilkunst und der Medizin, wurde in der griechischen Mythologie als ein weiser und mächtiger Gott verehrt. Seine Fähigkeit, Krankheiten zu heilen und das Leiden der Menschen zu lindern, machte ihn zu einem der wichtigsten Götter im Pantheon. Er wurde oft mit einem Äskulapstab dargestellt, einem Stab mit einer Schlange, die sich um ihn wickelte. Diese Schlange war ein Symbol der Wiedergeburt und der Heilung, da Schlangen ihre Haut abwerfen und so scheinbar neugeboren werden.

Der Äskulapstab selbst wurde zu einem ikonischen Symbol der Heilkunst. In den Händen der Ärzte und Heiler verkörpert er das Versprechen der Genesung und der Hoffnung. Die Schlange, die den Stab umschlingt, wird oft als Symbol für die sanfte, aber mächtige Kraft der Medizin betrachtet, die Krankheiten besiegen und Leben retten kann.

Im Laufe der Geschichte wurde der Äskulapstab zu einem Symbol des ärztlichen und pharmazeutischen Standes. Er steht für die ethischen Grundsätze der Heilkunst, die seit Jahrhunderten als Leitfaden für die medizinische Praxis dienen. Der Äskulapstab erinnert Ärzte und Apotheker an ihre Verantwortung, die Gesundheit und das Wohlbefinden ihrer Patienten zu fördern und zu schützen.

Die Geschichte des Äskulapstabs ist eine Hommage an die Macht der Heilkunst und die Verbindung zwischen Göttern und Sterblichen. Sie erinnert uns daran, dass die Medizin nicht nur eine Wissenschaft ist, sondern auch eine Kunst, die auf Wissen, Mitgefühl und Hoffnung basiert. Der Äskulapstab bleibt ein zeitloses Symbol für die Bemühungen der medizinischen Gemeinschaft, die Gesundheit und das Leben der Menschen zu schützen und zu verbessern.

BÄTYLOS

DER STEIN VON RHEA

Dieser unscheinbare Stein, von einer List und einem Schwindel umgeben, spielte eine entscheidende Rolle in einer epischen Schlacht um die Vorherrschaft im Himmel.

Die Geschichte des Bätylos beginnt mit Rhea, der Titanin und Gemahlin von Kronos, dem mächtigen Herrscher der Titanen. Kronos hatte eine finstere Prophezeiung erhalten, die besagte, dass eines seiner Kinder ihn stürzen würde. Um diese düstere Vorhersage zu verhindern, verschlang er jedes seiner neugeborenen Kinder, sobald es das Licht der Welt erblickte.

Als Rhea mit ihrem sechsten Kind, Zeus, schwanger war, wagte sie es nicht, dasselbe Schicksal für ihn zu akzeptieren. Sie schmiedete einen Plan, um ihren Sohn zu retten und Kronos zu überlisten. Kurz nach der Geburt von Zeus wickelte sie einen gewöhnlichen Stein in ein Ziegenfell und reichte ihn ihrem Gemahl als vermeintlichen Säugling.

Kronos, geblendet von seiner eigenen Gier und der List seiner Frau, verschlang den Stein, ohne zu ahnen, dass er Zeus verschont hatte. Dieser Betrug und der Austausch des Kindes retteten Zeus das Leben und ermöglichten es ihm, zu wachsen und seine Macht zu entfalten, fernab von den gierigen Augen seines Vaters.

Zeus, aufgewachsen in der Obhut der Bergnymphen und Göttinnen, entwickelte sich zu einem mächtigen und klugen Gott. Er schmiedete Allianzen, führte einen Aufstand gegen die Titanen an und erlangte schließlich die Kontrolle über den Himmel und die Götterwelt. Der Bätylos wurde zum Symbol für diese List und die Triumphe von Zeus über die Titanen.

Die Geschichte des Bätylos ist eine Erinnerung an die Macht von Täuschung und Klugheit, die in den Geschichten der griechischen Mythologie oft eine entscheidende Rolle spielt. Der Betrug von Rhea rettete Zeus das Leben und legte den Grundstein für seine spätere Herrschaft über die Götter. Sie zeigt auch, dass in den Zeiten der Götter und Titanen, auch die einfachsten Dinge, wie ein Stein, in der Lage waren, das Schicksal der Welt zu verändern.

DREIZACK
ZEPTER UND WAFFE DES POSEIDON

Dort, wo das Meer und die Götter miteinander verschmelzen, erstrahlte der Dreizack als ein mächtiges Symbol der göttlichen Herrschaft über die Ozeane. Dieser mächtige Dreizack gehörte dem mächtigen Meeresgott Poseidon, dem Herrn der Gewässer und Stürme und war mehr als nur eine Waffe – er war ein Symbol seiner uneingeschränkten Macht.

Der Dreizack, auch als »Trident« bekannt, war ein Werkzeug, das Poseidon in den epischen Schlachten und Kriegen der griechischen Mythologie einsetzte. Mit seinem Dreizack konnte er die Wassermassen beherrschen und mächtige Stürme entfesseln. Der Anblick des Dreizacks allein genügte, um Respekt und Angst in den Herzen der Menschen und Götter gleichermaßen zu wecken.

Poseidon war nicht nur der Gott des Meeres, sondern auch der Schöpfer und Beherrscher der Quellen und Flüsse. Mit seinem Dreizack konnte er das Wasser aus dem Boden hervorsprudeln lassen und den Menschen so Zugang zu lebenswichtigem Nass verschaffen. Diese Gabe, das Land mit Wasser zu versorgen, machte ihn zu einem wichtigen und mächtigen Gott in der Welt der antiken Griechen.

Die Geschichte des Dreizacks und seine Verbindung zu Poseidon sind ein Sinnbild für die unaufhaltsame Macht des Meeres und die Naturgewalten, die es beherrschen. Dieser Dreizack symbolisiert die Kontrolle über die Ozeane und das Vermögen, Stürme zu entfachen und gleichzeitig Leben zu schenken. In den epischen Abenteuern der griechischen Mythologie war der Dreizack von Poseidon ein Werkzeug der Zerstörung und der Schöpfung, das die Welt der Götter und Sterblichen gleichermaßen prägte.

FLÜGELSCHUHE

GESCHENK VON HERMES AN PERSEUS

In den gefahrenreichen Abenteuern der griechischen Mythologie gibt es wenige Geschichten von so großer Bedeutung wie die des geflügelten Götterboten Hermes und dem mutigen Helden Perseus. Ein entscheidendes Element dieser Erzählung waren die magischen Flügelschuhe, die Perseus von Hermes geliehen wurden.

Perseus, ein Held von königlichem Blut, hatte eine gewaltige Aufgabe vor sich – die gefürchtete Gorgone Medusa zu besiegen und das Goldene Vlies zu finden. Medusa, mit Schlangen als Haar und einem Blick, der jeden in Stein verwandelte, war ein schrecklicher Gegner. Die Aufgabe schien unmöglich, aber Perseus war nicht allein.

Hermes, der Götterbote und Helfer der Sterblichen, trat auf den Plan. Er lieh Perseus seine Flügelschuhe, ein wunderbares Geschenk, das es dem Helden ermöglichte, durch die Lüfte zu schweben. Mit diesen Schuhen konnte Perseus die gefährlichen Tiefen der Gorgonen-Höhle erreichen und Medusa ohne direkten Blick in die Augen besiegen.

Perseus flog behände und mutig mit den Flügelschuhen, erreichte Medusa und nutzte seinen Schild, um ihren Blick abzuwenden, bevor er sie enthauptete. Das Haupt der Gorgone, das als das Gorgoneion bekannt ist, wurde zu einem mächtigen Symbol der Macht und des Schutzes.

Aber die Reise des Perseus endete hier nicht. Mit Hermes Flügelschuhen schwebte er weiter, um das Goldene Vlies zu finden und seine Heldentaten zu vollenden. Diese magischen Schuhe waren der Schlüssel zu Perseus Erfolg und halfen ihm, die scheinbar unüberwindlichen Hindernisse zu überwinden.

Die Geschichte von Perseus und den Flügelschuhen des Hermes ist ein Beispiel für die mächtige Unterstützung, die die Sterblichen von den Göttern erhielten. Die Großzügigkeit von Hermes ermöglichte Perseus, die gefährlichen Prüfungen zu überwinden und seine Bestimmung zu erfüllen. In den Geschichten der griechischen Mythologie sind es oft solche göttlichen Geschenke und Hilfestellungen, die den Helden den Weg zum Erfolg ebnen und die Abenteuer noch faszinierender machen.

FÜLLHORN
SYMBOL DES GLÜCKS

In vielen Kulturen weltweit gibt es ein Symbol, das den Traum von Wohlstand und Überfluss verkörpert – das Füllhorn, auch als »Cornucopia« bekannt. Dieses bemerkenswerte Symbol hat im Laufe der Geschichte viele Bedeutungen angenommen, aber seine Wurzeln reichen bis zu den Göttern des Olymp zurück.

Das Füllhorn ist ein Gebilde, das wie ein gekrümmtes Horn aussieht. Es symbolisiert den endlosen Überfluss und die unerschöpfliche Fülle, die die Götter den Menschen gewähren können. In den Geschichten der griechischen Mythologie wurde es oft mit Blumen und Früchten gefüllt, die in ihrer Vielfalt und Menge erstaunlich waren.

Die Ursprünge des Füllhorns sind eng mit einer der mächtigen Göttinnen des Olymp verbunden – Demeter, der Göttin des Ackerbaus und des Getreides. Demeter sorgte für eine reiche Ernte und lehrte die Menschen, wie sie das Land kultivieren und Früchte ernten konnten. Das Füllhorn wurde zu einem Symbol für die Segnungen der Natur und die Großzügigkeit der Götter.

Im Laufe der Zeit wurde das Füllhorn zu einem allgemeinen Symbol für Wohlstand, Reichtum und Überfluss. Es wurde oft in Kunstwerken, Skulpturen und Dekorationen dargestellt und war ein Zeichen des Glücks. Das Bild eines Füllhorns erinnerte die Menschen daran, wie großzügig die Natur sein kann und wie sie in der Lage sind, die Früchte der Erde zu genießen.

Das Füllhorn ist ein zeitloses Symbol, das uns an die Schätze und die Großzügigkeit der Natur erinnert. Es steht für den Wunsch nach Wohlstand und Fülle, sei es im materiellen oder im spirituellen Sinne. In der Geschichte und Kunst bleibt das Füllhorn ein Symbol des Glücks und des Reichtums, das uns daran erinnert, die Fülle des Lebens zu schätzen und zu genießen.

GOLDENE ÄPFEL DER HESPERIDEN
SYMBOL DER EWIGEN JUGEND

In den Hängen des mythischen Atlasgebirges, dort, wo die Sonne ihre letzten Strahlen über das Land sendet, hüten die Hesperiden, Töchter der Abenddämmerung, ein erstaunliches Geheimnis – die goldenen Äpfel der Hesperiden. Diese wundersamen Früchte verleihen nicht nur ewige Jugend, sondern sind auch von unschätzbarem Wert und ein Objekt begehrlichen Verlangens.

Die goldenen Äpfel wurden den Göttern des Olymp von den Hesperiden überreicht und ihr Verzehr gewährte den Göttinnen und Göttern Unsterblichkeit und ewige Jugend. Dieser göttliche Obstgarten war ein Zeichen des Wohlstands und der Kraft, die die Götter besaßen und die Früchte symbolisierten die Unsterblichkeit selbst.

Eines Tages jedoch wurden die goldenen Äpfel zu einem Bestandteil der zwölften und letzten Aufgabe des Herakles, des größten aller Helden der Antike. In einem heroischen Akt des Mutes und der Entschlossenheit brach Herakles auf, um die kostbaren Äpfel zu stehlen. Die Herausforderung bestand jedoch nicht nur darin, die Früchte zu erreichen, sondern auch die Wächterinnen, die Hesperiden, zu überlisten.

Mit listigen Taktiken und dem Beistand der Titanin Atlas, der für ihn die Äpfel pflückte, gelang es Herakles schließlich, die goldenen Früchte zu ergattern und sie zu seinem Auftraggeber, dem Mythenexperten Eurystheus, zu bringen. Obwohl Herakles sein Ziel erreicht hatte, kehrte er die goldenen Äpfel nicht den Göttern zurück, sondern brachte sie schließlich zurück zu den Hesperiden.

Die Geschichte der goldenen Äpfel der Hesperiden erinnert uns an die Macht der Verlockung und den Wunsch nach ewiger Jugend und Unsterblichkeit. Diese kostbaren Früchte symbolisieren den Wert von Wissen und Abenteuer, aber auch die ethischen Überlegungen, die in der griechischen Mythologie oft eine wichtige Rolle spielten. Es ist eine Erzählung von

Heldentum, List und dem Streben nach dem Unmöglichen, die die Geschichten der antiken Götter und Helden so faszinierend machen.

GOLDENES VLIES
FELL DES GOLDENEN WIDDERS

In den sagenumwobenen Zeiten der Antike gab es ein Artefakt von unschätzbarem Wert und geheimnisvoller Schönheit – das Goldene Vlies. Dieses wunderbare Stück, das das Fell des goldenen Widders namens Chrysomeles war, trug die Fähigkeit zu fliegen und zu sprechen in sich. Die Suche nach dem goldenen Vlies wurde zu einer der größten Herausforderungen der Antike und trieb Iason und die Argonauten auf zahlreiche Abenteuer.

Die Geschichte des goldenen Vlies begann mit König Athamas und seiner Frau Nephele. Der König hatte Nephele verlassen und eine neue Frau geheiratet, Ino. Um ihre eigenen Kinder zu begünstigen, wollte Ino Nepheles Kinder, Phrixus und Helle, beseitigen. Doch die Götter griffen ein und schickten den goldenen Widder Chrysomeles, um die Kinder zu retten.

Phrixus und Helle bestiegen den Widder und flogen weit über das Land. Doch während ihres Fluges verlor Helle ihren Halt und stürzte in die Meerenge, die heute als Hellespont bekannt ist. Phrixus erreichte das ferne Kolchis sicher und opferte dort den goldenen Widder, das goldene Vlies, an den Meeresgott Poseidon. Das Vlies wurde im Tempel des Königs Aietes aufbewahrt und wurde schnell zum Objekt begehrlicher Sehnsüchte.

Iason, ein tapferer Held und Anführer der Argonauten, setzte sich das Ziel, das goldene Vlies zu erlangen, um sein Königreich zurückzuerlangen und seine Familie zu rächen. Er versammelte eine Gruppe von Helden, die Argonauten, um mit ihm auf eine gefährliche Reise zu gehen. Diese epische Suche führte die Argonauten durch die gefährlichen Symplegaden, zur Begegnung mit den berüchtigten Harpyien und schließlich in das Reich von König Aietes, wo das Vlies streng bewacht wurde.

Um das goldene Vlies zu erhalten, forderte König Aietes Iason auf, drei gefährliche Aufgaben zu bestehen. Dank der Hilfe von Medea, der Tochter des Königs und eine mächtige Zauberin, gelang es Iason schließlich, das Vlies zu erobern und es zu den Argonauten zurückzubringen.

Die Geschichte des goldenen Vlies ist eine Ode an den Mut und das Heldentum der Argonauten und ihre epische Suche nach einem der kostbarsten Artefakte der griechischen Mythologie. Diese Reise war voller Gefahren und Prüfungen, aber sie symbolisiert auch den unbändigen Wunsch des Menschen nach Abenteuern und Wohlstand. Das goldene Vlies, das im Zentrum dieses erstaunlichen Abenteuers stand, ist bis heute ein Symbol für Schönheit und Wert, das in der Welt der Mythen und Legenden weiterlebt.

GORGONEION
ABGESCHLAGENES HAUPT DER MEDUSA

Dieses furchterregende Objekt war das abgeschlagene Haupt der Gorgone Medusa und ein Teil der mächtigen Aigis, des legendären Schildes der Göttin Athene.

Medusa war ein schreckliches Ungeheuer mit Schlangenhaaren und einem Blick, der jeden, der ihn traf, in Stein verwandelte. Ihr Anblick war fürchterlich und es war nur ein Held von außergewöhnlicher Tapferkeit, der die Gorgone bezwingen konnte. Dieser Held war Perseus und er besiegte Medusa und enthauptete sie.

Das abgeschlagene Haupt der Medusa, das nun das Gorgoneion wurde, trug immer noch die furchtbare Macht, jeden, der es ansah, zu versteinern. Dieses schreckliche Relikt wurde jedoch nicht nur als Waffe oder Trophäe verwendet, sondern auch als mächtiges Schutzmittel.

Das Gorgoneion wurde oft als Symbol des Schutzes gegen Feinde und Bedrohungen eingesetzt. Es zierte den Schild der Göttin Athene, der als Aigis bekannt war. Der Anblick des Gorgoneions sollte Feinde abschrecken und von ihrem Vorhaben abbringen. Es war ein Symbol für Athene, der Göttin der Weisheit und des Schutzes, die ihre Anhänger vor den Gefahren der Welt bewahrte.

Die Geschichte des Gorgoneions erinnert uns daran, wie Symbole und Artefakte in der griechischen Mythologie oft die Macht hatten, das Übernatürliche zu verkörpern und die Kräfte der Götter und Helden zu kanalisieren. Das Gorgoneion, mit seiner furchtbaren Macht und gleichzeitig schützenden Funktion, war ein faszinierendes Element in den Geschichten der Antike und zeigt, wie Mythologie die menschliche Vorstellungskraft anregte und noch heute fasziniert.

HALSBAND DER HARMONIA
BRINGT SEINEM BESITZER UNGLÜCK

In der Welt der griechischen Mythologie gibt es Geschichten von Liebe und Leidenschaft, von Geschenken und Flüchen, aber keine ist so tragisch und verhängnisvoll wie die Geschichte des Halsbands der Harmonia.

Die Geschichte beginnt mit Kadmos, einem tapferen Phönizierprinzen, der sich in die bezaubernde Harmonia verliebte, die Tochter von Ares, dem Kriegsgott und Aphrodite, der Göttin der Liebe und Schönheit. Kadmos setzte alles daran, Harmonia für sich zu gewinnen und als Zeichen seiner tiefen Liebe und Bewunderung für sie, bat er Hephaistos, den Gott des Schmiedens, ein wunderschönes Halsband zu schmieden.

Hephaistos, geschickt in der Kunst der Schmiedekunst, schuf ein atemberaubendes Halsband, das mit den glänzendsten Juwelen und Edelsteinen geschmückt war. Als Kadmos es seiner geliebten Harmonia zur Hochzeit überreichte, erstrahlte sie vor Freude und stolz trug sie es um ihren Hals.

Doch das Halsband der Harmonia barg einen unheilvollen Fluch. Es brachte seinen Besitzern nur Unglück und Verderben. Es war ein Fluch, der die Liebe von Kadmos und Harmonia in Tragödie verwandelte. Das Halsband, das einst ein Symbol ihrer Liebe war, führte zu Konflikten und Verwicklungen, die ihr Leben und das ihrer Kinder überschatteten.

Die Geschichte des Halsbands der Harmonia ist ein erschütterndes Beispiel für die Ironie des Schicksals in der griechischen Mythologie. Ein Geschenk, das ursprünglich aus Liebe und Bewunderung gemacht wurde, wurde zu einer Quelle des Unglücks und der Zerstörung. Es erinnert uns daran, dass die Götter der Antike oft ihre eigenen, rätselhaften Wege hatten und die Geschenke, die sie den Sterblichen machten, oft unerwartete Folgen hatten. Die Tragödie des Halsbands der Harmonia ist ein mahnendes Beispiel für die komplexen Beziehungen zwischen den Göttern und den Menschen in der Welt der Mythologie.

HELM DES HADES
KOPFBEDECKUNG DES UNTERWELTGOTTES HADES

Der Helm des Hades verlieh seinem Träger die Fähigkeit, sich vor den Augen der Welt zu verbergen und unsichtbar zu werden. Der Helm war das persönliche Attribut des mächtigen Gottes der Unterwelt, Hades und spielte in verschiedenen mythologischen Geschichten eine entscheidende Rolle.

Hades, der Bruder von Zeus und Poseidon, beherrschte die düstere Welt der Toten. Er trug den Helm der Unsichtbarkeit, um sich vor den Sterblichen und selbst vor anderen Göttern zu verbergen, wenn er sich aus der Unterwelt in die Welt der Lebenden begab. Dieser Helm ermöglichte es ihm, unbeobachtet zu agieren und seine finsteren Geschäfte zu erledigen.

Der Helm des Hades war jedoch nicht nur ein Werkzeug der Unsichtbarkeit, sondern wurde auch in verschiedenen mythologischen Geschichten verwendet. Eines der bekanntesten Beispiele ist die Geschichte von Persephone, der Tochter von

Demeter, die von Hades in die Unterwelt entführt wurde. Mithilfe seines Helmes konnte Hades Persephone vor den Augen ihrer Mutter und der anderen Götter verbergen.

In einer anderen Geschichte spielte der Helm eine wichtige Rolle in der Argonautensage. In dieser Legende verfolgte Apsyrtos, der Bruder von Medea, die Argonauten, die das Goldene Vlies stehlen wollten. Medea, die dem Helm des Hades mächtige Kräfte entlocken konnte, nutzte ihn, um ihren Bruder zu täuschen und ihn schließlich zu töten.

Die Geschichte des Helmes des Hades ist eine Erinnerung an die vielschichtigen und oft düsteren Aspekte der griechischen Mythologie. Dieses Artefakt symbolisiert die geheimnisvolle Macht der Unsichtbarkeit und die Rolle, die sie in den Geschichten der Götter und Helden spielte. Es zeigt auch die Kreativität und die Fähigkeiten der Sterblichen, göttliche Artefakte zu nutzen, um ihre Ziele zu erreichen und Herausforderungen zu bewältigen.

HERMESSTAB (CADUCEUS)
ERKENNUNGSZEICHEN DER HEROLDE

In der Antike gibt es kaum ein Symbol, das so eng mit einem der bedeutendsten Götter in Verbindung steht wie der Hermesstab, auch bekannt als Caduceus. Dieses beeindruckende Symbol, mit seinen zwei Flügeln und den Schlangen, ist untrennbar mit Hermes, dem Götterboten und Beschützer der Reisenden, verbunden.

Hermes, der Sohn des Zeus und der Nymphe Maia, war von Geburt an ein ungewöhnlich flinker und kluger Gott. Er wurde zum Götterboten ernannt, der zwischen dem Himmel, der Erde und der Unterwelt reiste, um Botschaften zu überbringen und die Willen der Götter auszuführen.

Der Hermesstab, der von Hermes getragen wurde, ist ein Symbol der Macht und des Schutzes. Er besteht aus einem Stab, der von zwei Flügeln gekrönt ist und wird von zwei Schlangen umschlungen. Dieses ikonische Symbol repräsentiert die Fähigkeit von Hermes, zwischen den Welten zu vermitteln und steht für Handel, Reisen und die Kommunikation zwischen den Göttern und den Menschen.

Die Schlangen, die den Hermesstab umwinden, sind ein Symbol der dualen Natur von Hermes – sie repräsentieren Leben und Tod, Gesundheit und Krankheit. Der Hermesstab wurde oft als Symbol der Heilkunst verwendet, was später dazu führte, dass er mit dem medizinischen Beruf in Verbindung gebracht wurde.

Das Caduceus, wie der Hermesstab auch genannt wird, ist heute ein weitverbreitetes Symbol in der Medizin und im Gesundheitswesen, obwohl es ursprünglich mit Hermes und seinen vielfältigen Fähigkeiten in Verbindung stand. Diese Geschichte des Hermesstabs erinnert uns daran, wie die Symbole der Mythologie ihre Bedeutung im Laufe der Zeit verändern können, aber auch, wie tief verwurzelt sie in der Kultur und Geschichte sind.

KLAPPER DER ATHENE
HILFSMITTEL FÜR HERAKLES

In den Geschichten der griechischen Mythologie gibt es zahlreiche gefährliche und ungewöhnliche Aufgaben, die die Helden meistern mussten. Eine dieser Aufgaben, die Herakles bestehen musste, war die Vertreibung der stymphalischen Vögel, gefürchtete Kreaturen, die die Gegend um den Stymphalos-See heimsuchten. Doch Herakles war nicht allein in diesem Unterfangen, denn die Göttin Athene reichte ihm ein bemerkenswertes Hilfsmittel – die Klapper der Athene.

Die Klapper der Athene war ein erstaunlicher Geräuschmacher, der von der klugen Göttin Athene selbst erschaffen wurde. Dieses Instrument hatte die besondere Fähigkeit, laute Geräusche zu erzeugen, die wie schrille Schreie klangen. Athene überreichte die Klapper Herakles, um ihm bei der Vertreibung der stymphalischen Vögel zu helfen.

Mit der Klapper bewaffnet, begab sich Herakles an den Stymphalos-See, wo die Vögel hausten. Die Klapper erwies sich als entscheidend, denn sie erzeugte laute und erschreckende Geräusche, die die Vögel in Panik versetzten und dazu zwangen, ihre Verstecke zu verlassen. In ihrer Verwirrung und Angst wurden die Vögel zur leichten Beute für Herakles, der sie dann mit Pfeil und Bogen niederstreckte.

Die Klapper der Athene erwies sich als unverzichtbares Hilfsmittel für Herakles, um diese gefährliche Aufgabe zu bewältigen. Mit ihrer Hilfe gelang es ihm, die schädlichen Vögel zu vertreiben und seine Aufgabe zu erfüllen. Diese Geschichte betont die Bedeutung von Zusammenarbeit zwischen Göttern und Helden in der griechischen Mythologie und wie die klugen Erfindungen der Götter den Helden halfen, scheinbar unüberwindbare Herausforderungen zu bewältigen.

NEPENTHES

DIE »SORGEN VERJAGENDE« DROGE

In den Annalen der griechischen Mythologie gibt es zahlreiche Geschichten von tragischer Liebe und Schicksal. Eine dieser Geschichten ist eng mit einer bemerkenswerten Substanz verbunden – der Nepenthes, einer »Sorgen verjagenden« Droge, die Helena von einer ägyptischen Königin erhielt und die dazu bestimmt war, ihre Leiden zu lindern und ihr Trost und Frieden zu schenken.

Helena, die berühmte Schönheit und Königin von Sparta, wurde oft als eine der faszinierendsten Figuren der griechischen Mythologie betrachtet. Ihre Schönheit führte zu einem schicksalhaften Krieg, dem Trojanischen Krieg, der über Jahre hinweg wütete. Während dieser Zeit erlebte Helena unermüdliche Kämpfe und Qualen, sowohl körperlich als auch emotional und sie sehnte sich nach einem Ausweg aus ihrem Leiden.

Es war in Ägypten, während ihres Aufenthalts am Hofe einer Königin, dass Helena die Nepenthes entdeckte. Diese besondere Substanz galt als magische Droge und hatte die Kraft, die Leiden und Ängste der Menschen zu mildern. Helena erfuhr von der Nepenthes und erbat sie von der großzügigen Königin, die ihr diese Trost spendende Substanz gab.

Die Nepenthes erwies sich als Segen für Helena. Sie fand Trost und Frieden in ihrer Anwendung und die sorgenvolle Last des Krieges und der Verluste, die sie erlitten hatte, wurde gemildert. Die Substanz half Helena, die schmerzhaften Erinnerungen zu verarbeiten und sich inmitten der Wirren des Trojanischen Krieges zu beruhigen.

Die Geschichte von Helena und der Nepenthes erinnert uns an die universelle Sehnsucht nach Trost und Erleichterung in Zeiten des Leidens. Obwohl sie eine der bekanntesten Schönheiten der Mythologie war, litt Helena unter den tragischen Folgen ihrer Schönheit und erlebte Schmerz und Qualen. Die Nepenthes symbolisiert die menschliche Suche nach Linderung und Trost und unterstreicht die menschliche Fähigkeit, selbst in den dunkelsten Momenten Trost zu finden.

OMPHALOS

KULTSTEIN IM APOLLONN-TEMPEL IN DELPHI

Im antiken Griechenland gab es Orte von besonderer Bedeutung, die als Verbindungspunkte zwischen der menschlichen Welt und den Göttern betrachtet wurden. Einer dieser Orte war der Omphalos, ein Kultstein, der im Apollonn-Tempel in Delphi aufbewahrt wurde und als der Nabel der Welt galt.

Der Begriff »Omphalos« leitet sich von dem griechischen Wort für »Nabel« ab und dieser Stein symbolisierte die Mitte und den Ursprung der Welt. Er war nicht nur ein einfacher Felsbrocken, sondern ein religiöses Symbol von großer Bedeutung. Die Griechen glaubten, dass Delphi, mit dem Omphalos als zentralem Punkt, der Ort war, an dem die Erde von der Pythia, dem Orakel der Göttin Apollonn, gesegnet und mit göttlicher Weisheit erfüllt wurde.

Die Legende besagt, dass Zeus zwei Adler von entgegengesetzten Enden der Welt losgeschickt hat und der Punkt, an dem sie sich in Delphi trafen, markierte den Nabel der Welt. Dieser Ort wurde zu einem der wichtigsten religiösen und spirituellen Zentren des antiken Griechenlands. Pilger aus der ganzen Welt strömten nach Delphi, um das Orakel von Apollonn zu konsultieren und um Weisheit und göttliche Führung zu suchen.

Der Omphalos galt als der heiligste Punkt des Tempels und wurde von Generation zu Generation verehrt. Er war ein Symbol für die enge Verbindung zwischen der göttlichen Welt und der menschlichen Existenz und repräsentierte den Mittelpunkt des Universums.

Die Bedeutung des Omphalos erstreckte sich über die griechische Welt hinaus und fand sich in vielen anderen Kulturen. Dieses Symbol der göttlichen Weisheit und des geografischen Zentrums der Welt erinnert uns daran, wie wichtig spirituelle Zentren in der Geschichte der Menschheit waren und wie sehr die Menschen danach strebten, den Willen der Götter zu erfahren und ihre Ratschläge zu befolgen.

PALLADION
SCHNITZBILD DER ATHENE AUF DER BURG VON TROJA

In der mythischen Geschichte von Troja gibt es ein Artefakt von großer Bedeutung, das die Stadt schützen und den Ausgang des Trojanischen Krieges beeinflussen sollte – das Palladion. Dieses geheimnisvolle Schnitzbild der Göttin Athene wurde auf der Burg von Troja aufbewahrt und hatte eine entscheidende Rolle im Schicksal der Stadt.

Das Palladion wurde als ein Abbild der Weisheitsgöttin Athene geschaffen und galt als heiliges und mächtiges Symbol. Die Stadt Troja verehrte es als ihren Schutzpatron und glaubte, dass, solange das Palladion in ihren Mauern verblieb, die Stadt unbesiegbar sein würde.

Während des Trojanischen Krieges, als die Griechen die Belagerung von Troja aufrechterhielten, setzten sie alles daran, das Palladion zu stehlen, da sie wussten, dass es das Herz der Stadt und ihrer Verteidigung war. Odysseus und Diomedes gelang es schließlich, das Palladion aus Troja zu stehlen, indem sie sich als Feinde der Griechen verkleideten und in die Stadt eindrangen.

Der Diebstahl des Palladion war ein entscheidender Moment im Trojanischen Krieg. Ohne den Schutz der Göttin Athene begannen die Mauern von Troja zu wanken und die Stadt wurde für die Griechen angreifbar. Infolgedessen fiel Troja und die Stadt wurde von den Griechen erobert.

Das Palladion ist ein Symbol für die Macht der Götter und die Tragödie des Krieges in der griechischen Mythologie. Die Verehrung dieses göttlichen Schnitzbildes in Troja betont die enge Verbindung zwischen den Göttern und den Schicksalen der Sterblichen und zeigt, wie ein einziges Artefakt das Schicksal einer Stadt und eines Krieges beeinflussen kann. Die Geschichte des Palladion erinnert uns an die vielen unergründlichen Wege, auf denen die Götter in die Welt der Menschen eingriffen und wie ihre Gaben sowohl Schutz als auch Verderben bringen konnten.

THYRSOS
ATTRIBUT VON DIONYSOS UND SEINEN BEGLEITERN

Kaum gab es einen Gott, der so sehr für Freude, Rausch und Ekstase steht wie Dionysos. Und ein symbolisches Artefakt, das untrennbar mit diesem Gott verbunden ist, ist der Thyrsos, ein Stab mit einem Kiefernzapfen an der Spitze.

Dionysos, der Gott des Weins, der Freude und des Theaters, war ein zentraler Bestandteil der griechischen Kultur und Religion. Seine Anhänger, die sogenannten »Bacchanten«, nutzten den Thyrsos, um die Freude und die Ekstase von Dionysos Festen zu zelebrieren. Dieser Stab war nicht nur ein einfaches Attribut, sondern ein mächtiges Symbol für das Dionysische, das die dunklen Seiten des Lebens und die ekstatischen Freuden der Trunkenheit vereinte.

Der Thyrsos, oft mit Weinreben und Efeu umwickelt, wurde bei den Bacchanalien, den rauschhaften Festen zu Ehren von Dionysos, geschwungen und fand bei Prozessionen und Festlichkeiten Verwendung. Der Kiefernzapfen an der Spitze des Stabs war ein Symbol des Lebens und der Fruchtbarkeit und er repräsentierte die Verbindung zwischen dem Göttlichen und dem Natürlichen.

Die Bedeutung des Thyrsos erstreckte sich über die religiösen Rituale hinaus und hatte auch eine kulturelle Dimension. Dionysos war nicht nur der Gott des Weins, sondern auch der Schutzgott des Theaters und der Thyrsos war ein Symbol für die theatralische Kunst und die kreative Entfaltung.

Der Thyrsos ist somit ein Symbol für das Leben in seiner ganzen Vielfalt – von den dunklen, rauschhaften Seiten bis hin zu den lichten, kreativen Aspekten. Dionysos und sein Thyrsos erinnern uns daran, dass das Leben reich an Emotionen und Erfahrungen ist und dass Freude und Rausch genauso zur menschlichen Existenz gehören wie Tragödie und Ernsthaftigkeit. Dieses symbolische Artefakt zeigt, wie die griechische Mythologie die menschliche Natur in all ihren Facetten widerspiegelte.

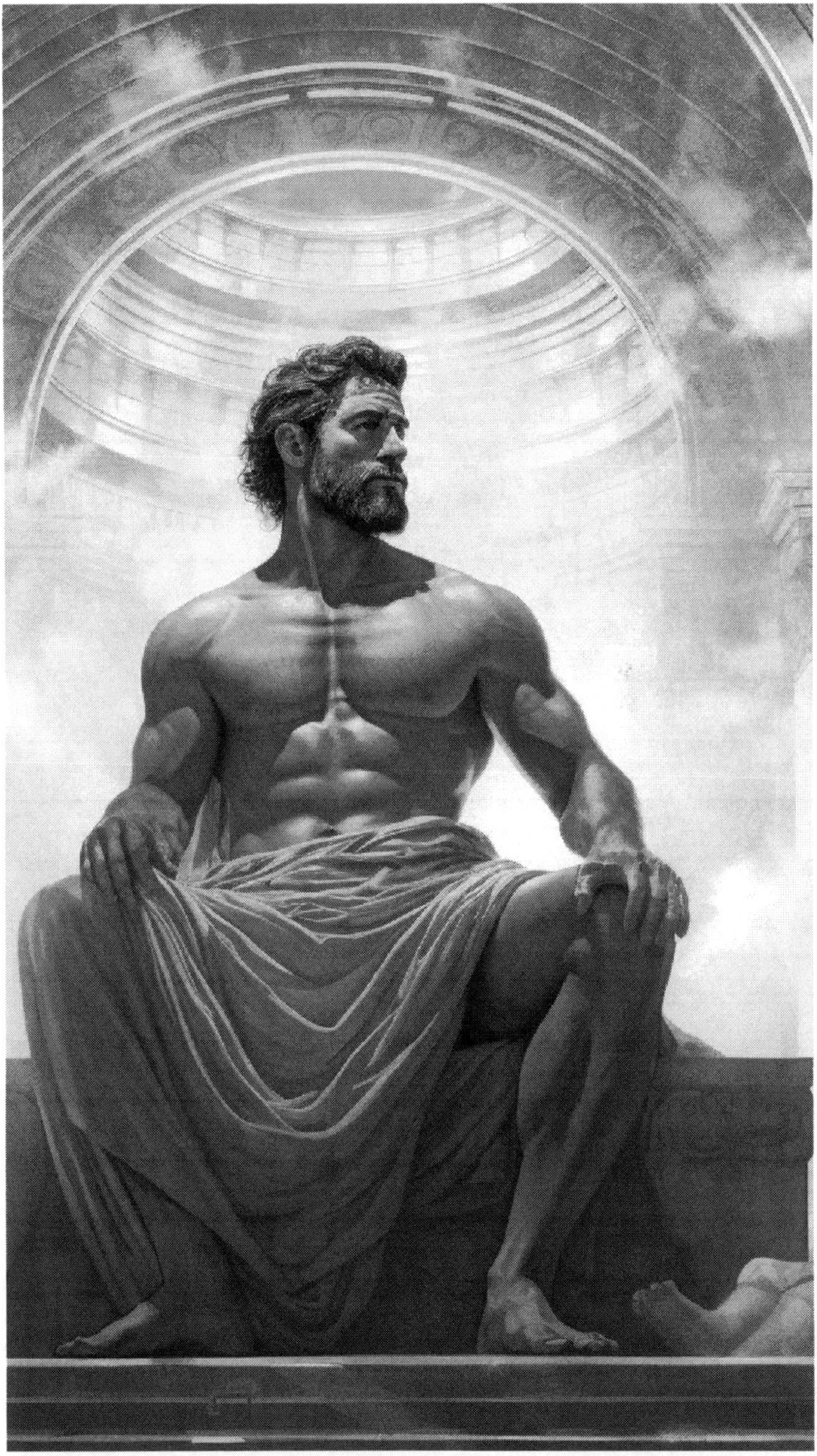

- KAPITEL 7 -

GÖTTERVEREHRUNG

Die griechische Mythologie ist eine Welt voller Intrigen, Leidenschaft und göttlicher Macht, die das Schicksal der Menschen lenkte und ihre Leben in vielerlei Hinsicht beeinflusste. Im Olymp der unsterblichen Götter, die von Liebe, Eifersucht und Streitigkeiten erfüllt waren, spielte die Götterverehrung eine entscheidende Rolle im antiken Griechenland. Diese Verehrung beeinflusste nicht nur den Alltag, sondern versprach die Enthüllung eines rätselhaften Bandes, das Himmel und Erde miteinander verknüpfte.

OPFER UND OPFERGABEN

In den Hallen des Olymp, hoch über den Gipfeln der antiken Welt, scharten sich die Götter in ihrer ganzen Pracht und Pracht um die himmlische Tafel. Ihre Erscheinungen waren so facettenreich wie die Sterne am nächtlichen Himmel. Doch trotz ihrer göttlichen Macht und Majestät waren sie in ihren Wesenszügen so menschlich wie die sterblichen Bewohner der Erde. Sie liebten, sie hassten, sie empfanden Eifersucht und Zorn. Die griechischen Götter waren nicht nur Wesen der Macht und der Ewigkeit, sondern auch der Emotionen und Leidenschaften.

In den Augen der Menschen erschienen diese Gottheiten als die Schöpfer und Lenker des Universums, doch sie waren weit mehr als nur abstrakte Figuren. Die Götter waren unmittelbar gegenwärtig in der Welt der Sterblichen und sie waren nicht immun gegen die Liebe und die Verehrung, die ihnen entgegengebracht wurde. Die Menschen bauten prächtige Tempel und Heiligtümer zu Ehren ihrer göttlichen Beschützer. Diese Orte wurden zu Stätten des Gebets und der Opfergaben, in denen die Sterblichen ihre Dankbarkeit und ihre Bitte um Gunst zum Ausdruck brachten.

Opfergaben nahmen in der Verehrung der Götter eine zentrale Rolle ein. Die Griechen waren bekannt für ihre Hingabe und Großzügigkeit bei der Verehrung ihrer Götter. Ein besonderer Brauch, der unter dem Namen »Hekatombe« bekannt war, bestand darin, 100 Rinder zu schlachten, um die Gunst der Gottheiten zu erlangen. Ja, Sie haben richtig gehört - hundert Rinder! Diese massiven Opfer wurden nicht im Inneren der Tempel dargebracht, denn die Tempel waren die Wohnstätten der Götter selbst. Stattdessen fand das spektakuläre Ritual im Freien statt, auf einem Altar oder sogar auf mehreren Altären.

Selbst der mächtigste und angesehenste Gott konnte mit 100 Rindern allein nichts anfangen. Daher diente das zubereitete Fleisch nicht nur als symbolische Gabe, sondern auch als Opfermahl für die Gemeinschaft. Das Tieropfer war in erster Linie eine Geste der Dankbarkeit und ein Akt des Gemeinschaftsgeistes, bei dem die Polis, die Stadtgemeinschaft, oft die Kosten trug. Später, im Laufe der Zeit, wurden Rinder durch Ziegen und Schafe ersetzt. Die exakte Anzahl der Tiere wurde weniger strikt gehandhabt und es genügte oft ein Dutzend, um die göttliche Gunst zu erbitten. Dennoch blieb der Begriff »Hekatombe« in Erinnerung und er wurde synonym für großzügige Opfergaben.

Neben den Tieropfern waren auch andere Gaben beliebt. Wein, ein Symbol der Fruchtbarkeit und Freude, wurde den Göttern in Hülle und Fülle gereicht. Die Götter tranken und erfreuten sich an den Köstlichkeiten, die ihren Tisch schmückten. Doch es waren nicht nur Nahrungsmittel und Getränke, die als Opfergaben dienten. Die Menschen brachten auch kunstvoll gefertigte kleine Statuen und goldene oder bronzene Plaketten, die mit Symbolen und Abbildungen der jeweiligen Gottheiten geschmückt waren.

Diese wertvollen Gaben fanden ihren Weg in die Tempelinventare oder wurden in speziell dafür errichteten Schatzhäusern aufbewahrt. Die Opfergaben waren Ausdruck der Hingabe und Verehrung, die die Menschen ihren Göttern entgegenbrachten.

Sie waren ein Mittel, um die Bande zwischen der göttlichen und der menschlichen Welt zu stärken und die Götter auf ihre Seite zu ziehen.

KULTURELLE VEREHRUNG

Während die Götter in ihren himmlischen Gemächern unermüdlich an den Geschicken der Welt drehten, spielten sich auf der Erde ganz besondere Formen der Verehrung ab. Olympia war einer dieser Orte, an dem die Menschheit ihre tiefste Hingabe zeigte, jedoch auf eine völlig andere Art und Weise. Hier fand keine Opferzeremonie statt, keine prunkvollen Tempel thronten über der Stadt. Stattdessen versammelten sich Tausende, um Zeugen eines anderen, heiligen Rituals zu werden: dem sportlichen Wettkampf.

Olympia war nicht nur eine Stadt, sondern ein Symbol. Ein Symbol für den fairen sportlichen Wettstreit und ehrliche Athleten, die sich in einem heroischen Wettstreit messen wollten. Doch wie in jedem Bereich gab es auch hier schwarze Schafe, die den Geist der Spiele verletzten und schamlos betrogen. Trotzdem blieb Olympia ein Ort, an dem der Geist des Wettbewerbs und der sportlichen Fairness hochgehalten wurde.

Doch Olympia war bei Weitem nicht der einzige Ort, an dem panhellenische Spiele abgehalten wurden. In praktisch jeder größeren Polis fanden solche Wettbewerbe statt und sie waren ein wichtiger Bestandteil des griechischen Lebens. Unter diesen Spielen ragten die Pythischen Spiele in Delphi, die Isthmischen Spiele in Korinth und die Nemeischen Spiele in Nemea besonders hervor. Diese Ereignisse waren nicht nur sportliche Wettkämpfe, sondern auch Gelegenheiten, um das kulturelle Erbe zu zelebrieren und die Künste zu ehren.

Die Pythischen Spiele in Delphi beispielsweise waren nicht nur sportliche Wettkämpfe, sondern auch Plattformen für Musik- und Gesangsvorführungen. Hier traten nicht nur Athleten, sondern auch Musiker und Sänger auf, die nach dem Motto

»Asklepios sucht den Superstar« um die Gunst des Publikums und der Götter wetteiferten. Die Künste und der Sport waren untrennbar miteinander verbunden und zeugten von der kulturellen Tiefe der griechischen Gesellschaft.

Ebenso war es bei den Isthmischen Spielen in Korinth, wo Athleten aus allen Ecken des Landes zusammenkamen, um in einem heroischen Wettstreit zu antreten. Diese Spiele fanden an einem besonderen Ort statt, an dem sich die Landenge von Korinth mit dem griechischen Festland verband. Hier traten die Sportler in verschiedenen Disziplinen an und die Stadt erlebte eine Blütezeit des Handels und der Kultur.

Die Nemeischen Spiele in Nemea wiederum waren für ihre charakteristischen Wettkämpfe im Stadion bekannt, bei denen die Athleten in atemberaubendem Tempo auf der Rennbahn liefen. Es war ein Schauspiel von ungeheurer Energie und Leidenschaft, bei dem die Teilnehmer ihre Grenzen ausloteten.

Aber selbst die mächtigsten und ehrgeizigsten Sterblichen versuchten sich bei diesen Spielen. Kaiser Nero selbst, der römische Herrscher mit all seiner Macht und seinem Luxus, strebte danach, in die Siegerlisten der Spiele eingetragen zu werden. Diese Begeisterung für die Wettkämpfe, für die körperliche und geistige Herausforderung, war ein Spiegelbild der griechischen Kultur, die die menschlichen Fähigkeiten und das Streben nach Vollkommenheit hochschätzte.

ORAKEL – DIE STIMME DER GÖTTER

In den wirbelnden Nebeln des Unbekannten suchten die Menschen nach Wegen, mit den Göttern in Kontakt zu treten, nach Antworten auf brennende Fragen und Anleitung in ihren tiefsten Anliegen. Die Orakel waren ihre Antwort auf diese Sehnsucht, ein Kanal, durch den die göttliche Welt mit der menschlichen in Berührung trat. In der antiken Welt gab es zahlreiche Orakelstätten, aber drei von ihnen ragten heraus, wie strahlende Sterne am Nachthimmel.

Das berühmteste dieser Orakel befand sich in Delphi, dem »Nabel der Welt«. Delphi war ein Ort von unermesslicher spiritueller Bedeutung, ein Ort, an dem die Götter durch das Orakel von Delphi direkt zu den Menschen sprachen. Pilger aus der gesamten griechischen Welt strömten in die heilige Stadt, um die prophetischen Worte der Pythia, der Hohepriesterin des Apollonn, zu hören. Sie saß auf einem Dreifuß über einem Rauchabzug und atmete den Dampf ein, der aus einer Felsspalte emporstieg. Unter diesem Einfluss sprach sie in Ekstase und ihre Worte wurden als göttliche Offenbarung gedeutet.

Doch Delphi war nicht der einzige Ort, an dem Orakel existierten. Olympia, der Ort der sportlichen Wettkämpfe und der kulturellen Huldigungen, hatte ebenfalls sein eigenes Orakel. Hier konnten die Ratsuchenden inmitten der olympischen Pracht und Prächtigkeit göttliche Weisheit erlangen.

Nicht weit von Delphi entfernt, in Dodona, erhob sich ein weiteres Orakel. Doch hier war die Verbindung zu den Göttern von einer ganz anderen Art. Die uralten Eichen, die den heiligen Hain von Dodona säumten, wurden als Boten der Götter verehrt. Das Rauschen der Blätter und das Rascheln der Zweige wurden als göttliche Botschaften gedeutet. Pilger aus nah und fern lauschten den geheimnisvollen Tönen des Hains und suchten in ihnen nach Antworten auf ihre Fragen. Ein besonders ungewöhnliches Orakel befand sich in der Nähe von Ephyra, heute bekannt als Parga. Hier gab es das Nekromanteion, das Totenorakel. An diesem düsteren Ort versuchten die Menschen, mit ihren geliebten Verstorbenen in Kontakt zu treten. Die Mauern des Orakels waren von Geheimnissen und Ritualen durchdrungen. Es war ein Ort, an dem die Grenze zwischen Leben und Tod verschwamm, wo die Seelen der Toten in der Lage waren, den Lebenden Ratschläge zu erteilen.

Doch die antiken Orakel beschränkten sich nicht nur auf Griechenland. In Kleinasien, dem Geburtsort vieler Kulturen und Zivilisationen, gab es ebenfalls Orakelstätten. Didyma und Klaros waren zwei solcher heiligen Orte. Hier hörten die Menschen auf die geheimnisvollen Stimmen der Götter, um ihre Fragen zu beantworten und ihr Schicksal zu erfahren.

Die Orakel waren das Bindeglied zwischen den Sterblichen und den Göttern, ein Kanal, durch den die göttliche Weisheit auf die Welt herabkam. Sie verkörperten die Sehnsucht der Menschen nach spiritueller Führung und Einsicht in die Zukunft. In den kommenden Kapiteln werden wir uns genauer mit den Praktiken, Riten und Geschichten der Orakel befassen, die das Herz der antiken griechischen Kultur bildeten.

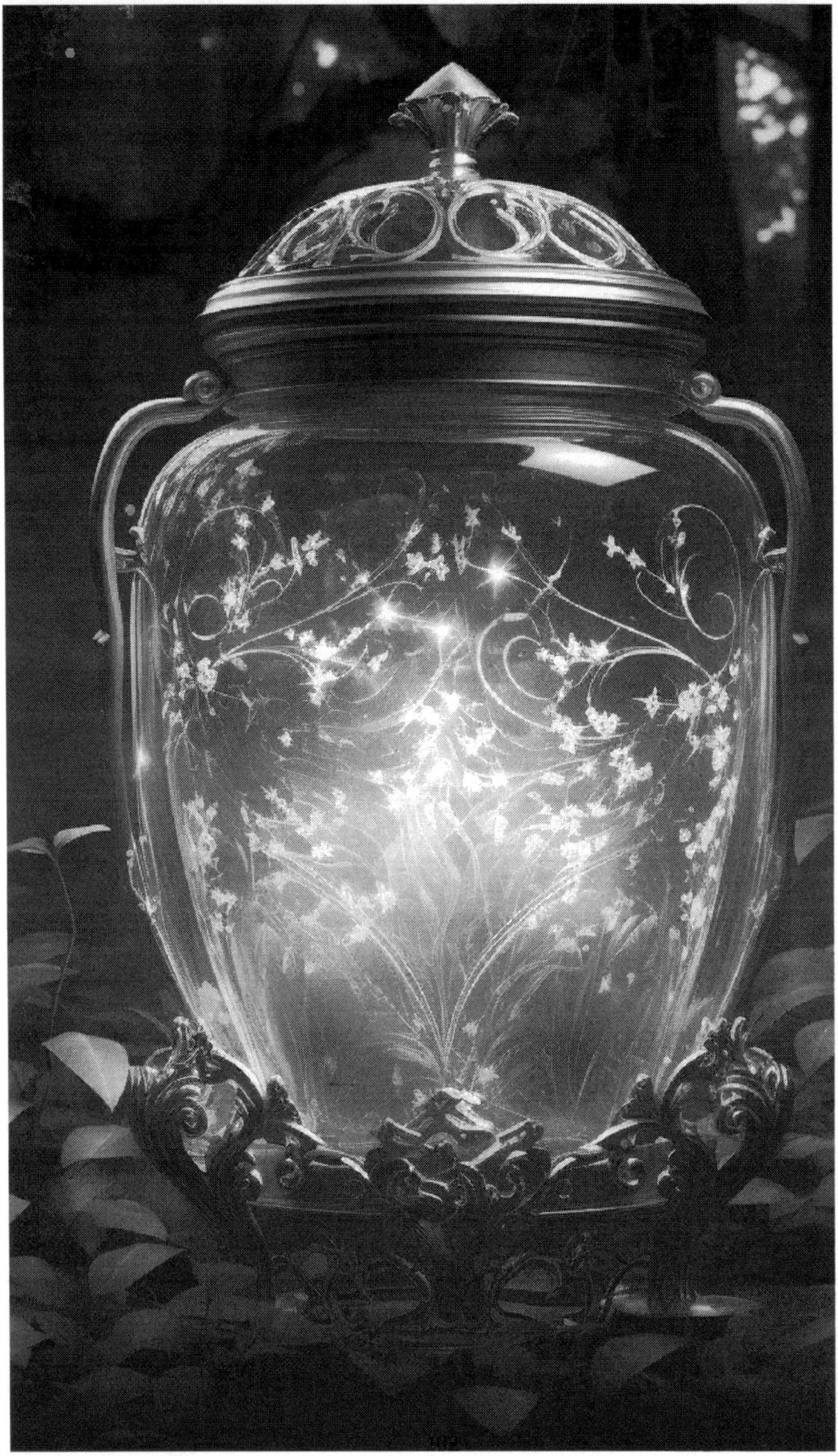

- KAPITEL 8 -

DIE BUCHSE DER PANDORA

Vor langer Zeit, als die Welt noch jung war und die Menschen sich auf die Gaben der Götter verließen, lebte ein Mann namens Epimetheus. Er war der Bruder von Prometheus, jenem Titanen, der das Feuer den Menschen gebracht hatte. Doch Epimetheus war nicht so klug wie sein Bruder; er handelte oft unüberlegt und ohne nachzudenken.

Eines Tages entschied Zeus, der mächtige König der Götter, die Menschen zu bestrafen. Er sah, wie sie in ihrer Unachtsamkeit und Selbstgefälligkeit die Geschenke der Götter missbrauchten. In seinem Zorn beschloss er, eine Frau zu erschaffen, die mit einer besonderen Gabe ausgestattet war. Diese Frau sollte Pandora heißen, was so viel wie »die mit allen Gaben« bedeutet.

DIE BRÜDER DES SCHICKSALS

In der fernen Zeit, als die Götter noch den Himmel und die Erde beherrschten, lebten zwei Brüder, die auf unterschiedliche Weisen das Schicksal der Menschheit beeinflussten. Prometheus und Epimetheus waren ihre Namen und sie waren Titanen, mächtige und uralte Wesen.

Prometheus, der Ältere der beiden, war weise und klug. Sein Name bedeutete »der Vorausdenkende« und er trug diesen Namen zu Recht. Er war der Beschützer der Menschheit und hatte Mitleid mit den Menschen, die in Kälte und Dunkelheit lebten. Er sah ihr Leiden und ihren Hunger und beschloss, ihnen zu helfen.

Eines Tages stahl Prometheus ein kostbares Geschenk der Götter – das Feuer. Mit dem Feuer brachte er Licht und Wärme in die Welt der Menschen. Er lehrte sie, wie man es beherrschte und wie man es dazu nutzen konnte, sich vor wilden Tieren zu schützen und Nahrung zuzubereiten. Das Feuer war ein Symbol der Zivilisation und des Fortschritts und Prometheus hatte den Menschen einen kostbaren Schatz geschenkt.

Epimetheus, der jüngere Bruder, war in vielerlei Hinsicht das genaue Gegenteil von Prometheus. Sein Name bedeutete »der späte Nachdenkliche«, was darauf hinwies, dass er oft ohne Nachdenken handelte und die Konsequenzen seiner Taten erst später erkannte. Er war nicht so weise wie sein Bruder und handelte aus dem Bauch heraus.

Prometheus hatte seinem Bruder geraten, vorsichtig zu sein und die Geschenke der Götter nicht leichtfertig zu akzeptieren. Doch Epimetheus liebte das Spiel des Lebens, die Abenteuer und die Überraschungen. Er nahm die Gaben der Götter ohne zu zögern an und das sollte sich später als tragisch erweisen.

Während Prometheus die Menschheit förderte und ihr half, entwickelte Epimetheus eine Neigung, die oft zu Schwierigkeiten führte. Er handelte, ohne nachzudenken und verstrickte sich oft in Probleme, die Prometheus dann bereinigen musste. Doch trotz ihrer Unterschiede waren die Brüder eng miteinander verbunden und hielten immer zusammen.

Die Geschichte von Prometheus und Epimetheus ist eine Geschichte von Weisheit und Unachtsamkeit, von Voraussicht und Spontaneität. Diese beiden Brüder, die das Schicksal der Menschheit auf so unterschiedliche Weisen beeinflussten, sind ein wichtiger Teil der griechischen Mythologie und lehren uns, die Konsequenzen unserer Handlungen zu bedenken, bevor es zu spät ist. Und so beginnt unsere Reise in die Welt der antiken Mythen und Legenden, in der die Götter und Titanen über das Schicksal der Menschen wachten.

EIN GÖTTLICHER PLAN

Die Geschichten von Prometheus und Epimetheus verbreiteten sich in der Welt der Götter und die Götter selbst waren von den beiden Brüdern fasziniert. Unter ihnen thronte Zeus, der mächtige König der Götter, der über den Olymp herrschte. Doch der Anblick von Prometheus, der den Menschen das Feuer brachte und Epimetheus, der oft ohne Nachdenken handelte, erregte seinen Zorn.

Zeus, der über die Schicksale der Sterblichen wachte, sah, wie die Menschen begannen, die Gaben der Götter missbräuchlich zu nutzen. Sie verrieten das Vertrauen der Götter und nutzten die Macht des Feuers für egoistische Zwecke. Ihr Stolz und ihre Unachtsamkeit kränkten Zeus zutiefst und er beschloss, die Menschheit zu bestrafen.

In seiner göttlichen Weisheit und Macht erschuf Zeus eine Frau, die er Pandora nannte. Sie war von außergewöhnlicher Schönheit. Doch hinter ihrer Anmut verbarg sich ein göttliches Geheimnis – Pandora war ein Werkzeug des Zorns und der Strafe.

Zeus schenkte Pandora eine geheimnisvolle Büchse, die von den Göttern geschaffen und die als »Büchse der Pandora« bekannt wurde. Diese Büchse war anders als alles, was die Welt je gesehen hatte. Sie war wunderschön verziert und von einem besonderen Zauber umgeben, der sie von den Blicken der Sterblichen fernhielt.

Pandora war überwältigt von ihrer Schönheit und der neugierigen Faszination, die die Büchse auf sie ausübte. Zeus warnte sie jedoch eindringlich, die Büchse niemals zu öffnen. Er erklärte ihr, dass sie die Dunkelheit und das Unheil in der Welt enthielt und dass es besser sei, die Büchse verschlossen zu lassen. Doch Pandoras Neugierde war geweckt und der Gedanke an das Geheimnis, das in der Büchse verborgen war, ließ sie nicht mehr los.

An einem einsamen Tag, als Epimetheus nicht zu Hause war, saß Pandora in ihrer Kammer und starrte auf die mysteriöse Büchse. Die Versuchung war zu groß und ihre Finger glitten vorsichtig über den Deckel. Langsam, fast unwillkürlich, öffnete sie die Büchse einen spaltbreit und in diesem Moment änderte sich die Welt für immer.

Was genau aus der Büchse strömte und welches Unheil sie freisetzte, werden wir in den kommenden Kapiteln unserer Geschichte entdecken. Doch eins ist sicher: Pandoras Handlung sollte die Welt für immer verändern und die Menschheit mit den Konsequenzen ihrer Neugier konfrontieren. In unserer Reise durch die griechische Mythologie werden wir weiter in die Geheimnisse dieser antiken Legende eintauchen und die Bedeutung ihrer Botschaft entschlüsseln.

DER AUGENBLICK DES ENTSETZENS

In jenem Augenblick, als Pandora die Büchse öffnete, ahnte sie nicht, welch verheerende Konsequenzen ihre Neugierde haben würde. Ein finsterer Hauch entwich der Büchse und damit begann eine düstere Abfolge von Ereignissen, die die Welt für immer verändern sollte.

Krankheit, Elend, Hass und Verzweiflung strömten aus der Büchse wie unheilvolle Nebelschwaden, die sich über das Land legten. Die Menschen begannen, von schrecklichen Plagen heimgesucht zu werden und ihre Hoffnung schwand dahin. Das Lachen und die Freude, die einst in ihren Herzen wohnten, verschwanden und die Welt wurde von Dunkelheit überzogen.

Pandora erkannte sofort ihren Fehler und versuchte verzweifelt, die Büchse wieder zu schließen, doch es war zu spät. Die Dunkelheit war bereits entfesselt und sie konnte sie nicht mehr zurückdrängen. Die Fluten des Unheils hatten die Erde erreicht und die Menschen litten unter den Konsequenzen ihrer Tat.

In der Ferne konnte man das Wehklagen und die Verzweiflung der Menschen hören, die von Krankheit und Elend geplagt wurden. Ihre Herzen waren schwer vor Kummer und die Welt schien verloren. Selbst Epimetheus, der Bruder von Pandora, konnte die Katastrophe nicht aufhalten, die sie unbeabsichtigt ausgelöst hatte.

Doch selbst inmitten der Dunkelheit und des Leids gab es einen Funken der Hoffnung. Als Pandora die Büchse wieder schloss, entdeckte sie, dass eine letzte Sache darin verblieben war: die Hoffnung. Die Hoffnung war zwar gefangen und konnte die Dunkelheit nicht rückgängig machen, aber sie war lebendig und konnte den Menschen Trost spenden.

Pandora erkannte die Bedeutung der Hoffnung und hielt sie fest, selbst in den düstersten Zeiten. Sie verstand, dass die Hoffnung die einzige Rettung inmitten des Unheils war und die Menschen sie dringend benötigten, um ihre Herzen zu trösten und ihren Glauben an eine bessere Zukunft aufrechtzuerhalten.

Die Geschichte von Pandora und ihrer Büchse ist ein Mahnmal für die Unachtsamkeit und die Konsequenzen unserer Handlungen. Doch sie erinnert uns auch daran, dass selbst in den dunkelsten Stunden die Hoffnung niemals verloren geht.

EIN FUNKE IN DER DUNKELHEIT

Während die Dunkelheit, die aus der geöffneten Büchse strömte, die Welt überzog und die Menschen mit Leid und Elend quälte, klammerte sich Pandora verzweifelt an die Hoffnung, die sie in der Büchse zurückgelassen hatte. Es war, als ob ein winziger Funke Licht inmitten der Finsternis glühte und dieser Funke war die einzige Rettung in einer Welt voller Tragödien.

Pandora erkannte die kostbare Natur der Hoffnung und die Rolle, die sie in der Bewältigung des Unheils spielte. Sie hielt sie fest und ließ sie nicht entkommen, selbst als die Dunkelheit drohend näherkam. Ihre Augen, einst von Neugierde erfüllt, waren nun von Entschlossenheit und Demut geprägt.

Die Menschen, die von der Dunkelheit der Büchse heimgesucht wurden, fanden sich in einer Welt des Schmerzes und der Verzweiflung wieder. Doch selbst in ihrer Dunkelheit und ihrem Leid fühlten sie den Funken der Hoffnung. Er war schwach, aber er war da. Die Hoffnung flüsterte ihnen leise Mut zu und versprach, dass bessere Tage kommen würden.

Mit der Zeit lernten die Menschen, sich an die Hoffnung zu klammern. Sie erkannten, dass sie trotz des Unheils, das die Welt überzog, die Kraft hatten, zu überleben und sich zu erheben. Die Hoffnung wurde zu einem mächtigen Verbündeten, der ihre Herzen erfüllte und ihre Entschlossenheit stärkte.

Pandora reiste durch die Lande und brachte die Botschaft der Hoffnung zu den Menschen. Sie erzählte ihnen von ihrem Fehler und wie die Dunkelheit aus der Büchse entkommen war, aber sie betonte auch die Bedeutung der Hoffnung, die niemals verloren ging. Die Menschen begrüßten ihre Botschaft und verstanden, dass die Hoffnung der Schlüssel zur Überwindung des Unheils war.

Die Geschichte von Pandora und der geretteten Hoffnung ist ein lebendiges Beispiel dafür, wie selbst in den dunkelsten Zeiten des Lebens ein Funke der Zuversicht überleben kann. Die Menschheit erkannte, dass die Hoffnung ihnen die Stärke gab, sich den Herausforderungen des Lebens zu stellen und nach vorn zu blicken. Die Büchse der Pandora mag Dunkelheit und Leid gebracht haben, aber sie hat auch die unauslöschliche Flamme der Hoffnung entfacht, die die Menschheit bis heute begleitet.

DIE UNVERGÄNGLICHKEIT DER HOFFNUNG

Die Geschichte von Pandora und ihrer Büchse, die Dunkelheit und Leid über die Welt brachte, aber gleichzeitig die Hoffnung bewahrte, ist mehr als nur eine antike Legende. Sie birgt tiefgreifende Lehren und zeitlose Botschaften, die bis heute relevant sind.

Pandora, die von ihrer Neugierde getrieben wurde, öffnete die Büchse, ohne die Konsequenzen zu bedenken. Ihr impulsives Handeln führte zu einem verheerenden Unheil, das die Menschheit heimsuchte. Doch Pandora erkannte ihren Fehler und hielt die Hoffnung fest, die in der Büchse verblieben war. Sie wurde zur Botschafterin der Hoffnung und zeigte den Menschen, dass sie trotz des Leids, das sie erlebten, die Kraft zur Erholung und zum Neubeginn hatten.

Die Geschichte von Pandora lehrt uns, dass Neugierde und Unachtsamkeit oft unerwartete Konsequenzen haben können. Sie erinnert uns daran, dass wir die Gaben des Lebens schätzen und respektieren sollten, anstatt sie leichtfertig zu missbrauchen. Unsere Handlungen können große Auswirkungen haben, sowohl auf uns selbst als auch auf die Welt um uns herum.

Die Büchse der Pandora symbolisiert auch das menschliche Streben nach Wissen und den Wunsch, die Geheimnisse des Lebens zu enthüllen. Sie zeigt uns, dass Wissen und Erkenntnis oft mit Herausforderungen und Opfern verbunden sind, aber dass sie auch die Kraft haben, uns zu bereichern und zu stärken.

Die zentrale Botschaft der Geschichte liegt jedoch in der Hoffnung. Die Hoffnung, die selbst in den dunkelsten Stunden lebendig bleibt, erinnert uns daran, dass wir nie aufgeben sollten. Sie ist ein Licht in der Dunkelheit, das uns den Weg weist und die Kraft gibt, selbst inmitten des Unheils zu überleben und weiterzugehen.

Die Geschichte von Pandora und ihrer Büchse mag zwar eine Legende sein, aber ihre Botschaft ist zeitlos und universell. Sie erinnert uns daran, die Balance zwischen Neugier und Vorsicht zu finden, die Gaben des Lebens zu schätzen und vor allem, dass die Hoffnung niemals verloren geht, solange sie in unseren Herzen brennt.

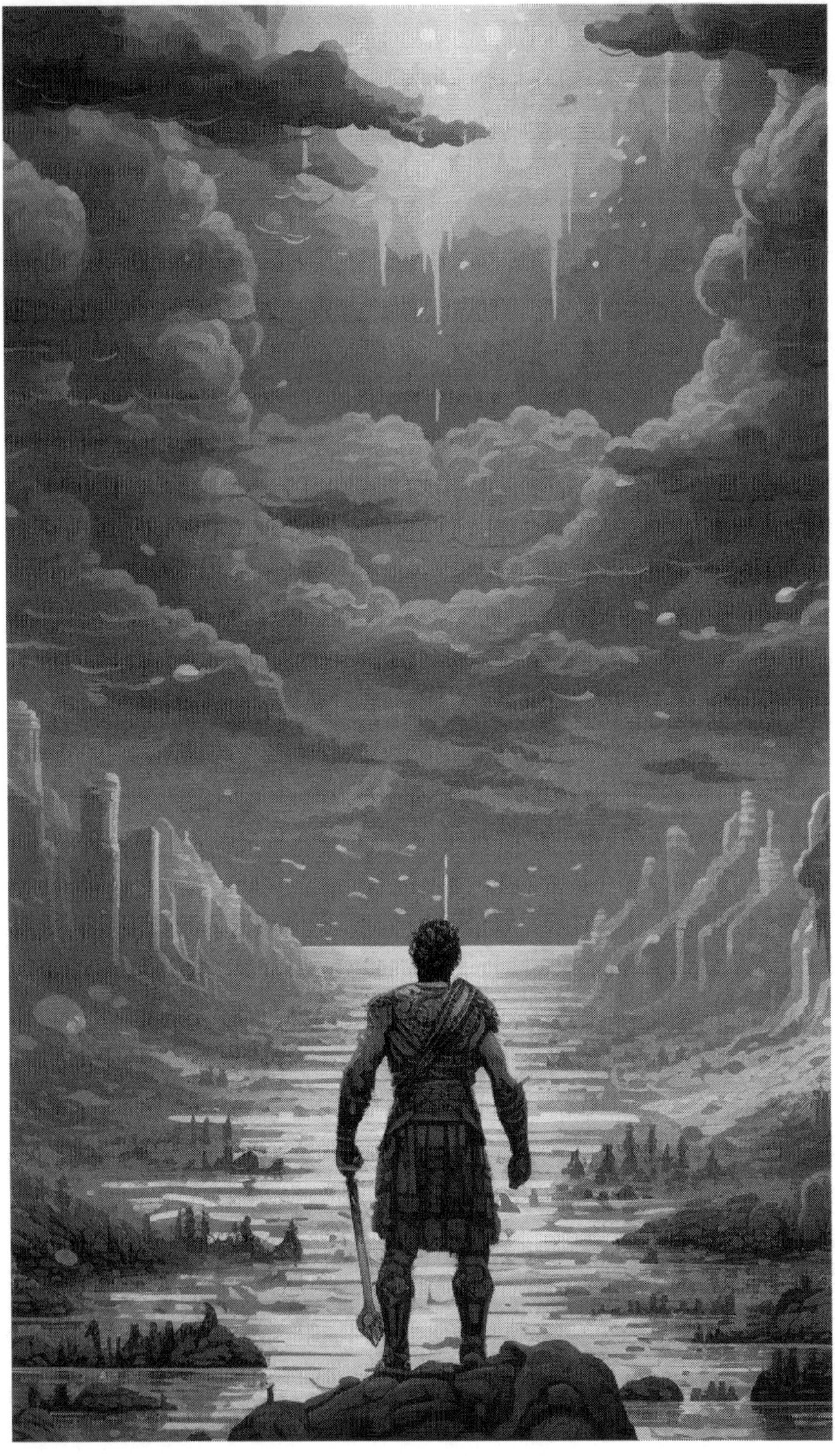

- KAPITEL 9 -

DIE IRRFAHRTEN DES ODYSSEUS

Die Irrfahrten des Odysseus, wie sie in Homers Epos »Die Odyssee« beschrieben werden, sind von großer Bedeutung für die griechische Mythologie. Sie spielen eine zentrale Rolle in der griechischen Literatur und Kultur und haben viele verschiedene Interpretationen und Bedeutungen.

Nach zehn zermürbenden Jahren im Trojanischen Krieg sehnte sich der Held Odysseus verzweifelt danach, endlich wieder in seine geliebte Heimat zurückzukehren. Doch das Schicksal und der Zorn des Meeresgottes Poseidon stellten sich ihm in den Weg und brachten ihm zahlloses Unheil. Schritt für Schritt verlor er seine treuen Gefährten, stieß auf die grausamen Laistrygonen, den furchterregenden einäugigen Zyklopen, das gefräßige sechsköpfige Seeungeheuer Skylla, die verführerischen Sirenen und die rätselhafte Zauberin Kirke.

Schließlich landete er auf einer einsamen Insel bei der Nymphe Kalypso, die ihm Trost in der Einsamkeit bot. Doch nur durch den göttlichen Ratschluss durfte er nach einer zehnjährigen Odyssee in seine Heimat zurückkehren. Dort warteten seine Frau und sein rechtmäßiger Thron auf ihn, doch sein Königreich war verwahrlost und voller Chaos.

NACH DEM TROJANISCHEN KRIEG

Es war eine Zeit der Ungewissheit und des Kummers in Ithaka. Nachdem die Mauern von Troja gefallen waren und die meisten heldenhaften Krieger ihre Heimat in Griechenland wieder erreicht hatten, gab es eine Ausnahme – Odysseus. Er hatte sich auf einer langen Irrfahrt wiedergefunden, gestrandet auf der entlegenen Insel Ogygia, wo die bezaubernde Nymphe Kalypso ihn seit sieben Jahren gefangen hielt. Sie hatte sich unsterblich in den mutigen Krieger verliebt und hielt ihn fest, weit weg von seiner Familie und seinem geliebten Ithaka.

DER GöTTLICHE AUFTRAG

Aber die Göttin Athene, die im Rat der Götter auf dem majestätischen Olymp weilen, hatte eine andere Meinung. Sie setzte sich für Odysseus ein und war entschlossen, seinen Leidensweg zu beenden. Athene eilte in die Hallen von Ithaka, um Telemachos, den tapferen Sohn des Odysseus, aufzusuchen und ihm beizustehen. Telemachos hatte die Hoffnung auf die Rückkehr seines Vaters längst aufgegeben, während seine Mutter Penelope in quälender Sehnsucht nach ihrem verschollenen Ehemann und dem König der Insel verzehrte.

In der Zwischenzeit hatten dreiste Freier den königlichen Hof in Ithaka in Beschlag genommen. Sie umwarben Penelope und verprassten Odysseus Besitztümer. Bei einem ihrer verschwenderischen Gelage trat Athene an Telemachos heran. Sie enthüllte ihm die Wahrheit, dass sein Vater, Odysseus, noch am Leben war. Die Göttin forderte Telemachos auf, eine Versammlung einzuberufen und die Freier mit Entschlossenheit von ihrem Hof zu vertreiben. Außerdem sollte er ein Schiff und eine tapfere Besatzung beschaffen, um nach Pylos und Sparta zu segeln und dort Informationen über das Schicksal seines Vaters zu sammeln.

Die göttliche Fügung hatte den Anfang eines großen Abenteuers eingeleitet, das die Rückkehr des tapferen Odysseus nach Ithaka und die Wiederherstellung der Ordnung im Königreich verheißen sollte.

IN PYLOS

In Pylos erglänzte ein Funke der Hoffnung in Telemachos Herzen und er folgte den Worten seiner Beschützerin Athene mit Entschlossenheit. Die Volksversammlung am folgenden Morgen jedoch entwickelte sich zu einem wahren Desaster. Die dreisten Freier, die Penelope belagerten, zeigten keinerlei Anstalten, den königlichen Hof in Ithaka zu verlassen. Telemachos sah sich mit ihrer Arroganz und ihrer Rücksichtslosigkeit konfrontiert und wusste nicht, wie er gegen diese Übermacht vorgehen sollte.

Verzweifelt und am Rande des Zusammenbruchs flehte Telemachos zu Athene, die ihm in diesem verzweifelten Moment zu Hilfe kam. Die Göttin mobilisierte eine tapfere Mannschaft und lieh sich das schnellste Schiff im Hafen. Mitten in der sternenklaren Nacht legte das Schiff mit Telemachos, Athene und zwanzig Reisebegleitern ab, um auf die Reise zu gehen. Schon am nächsten Morgen erreichten sie die Gestade von Pylos.

König Nestor von Pylos empfing die Reisenden mit offenen Armen und bot ihnen herzliche Gastfreundschaft. In einem stillen Hof, umgeben von antiken Säulen und Tempeln, setzte sich Telemachos mit dem erfahrenen Herrscher zusammen. Nestor erzählte ihm, was er über den Verbleib seines Vaters wusste. Odysseus hatte den Hafen von Troja nicht verlassen, als die anderen griechischen Helden heimkehrten, denn er wollte bei Agamemnon, dem obersten Heerführer, bleiben.

Doch danach verlor Nestor jegliche Spur von Odysseus. Agamemnon selbst fiel nach seiner Rückkehr einem hinterhältigen Mordanschlag zum Opfer und die Ungewissheit um Odysseus Schicksal blieb bestehen. Nestor warnte Telemachos vor der Gefahr, die ihm drohte, denn die Freier in Ithaka hatten seine heimliche Abreise bemerkt und schmiedeten bereits finstere Pläne, die sein Leben bedrohten. In dieser fernen Stadt am Rande der griechischen Welt hatte die Suche nach Odysseus gerade erst begonnen und Telemachos wusste, dass er seine Entschlossenheit und den Segen der Götter benötigen würde, um sein Ziel zu erreichen.

IN SPARTA

In Sparta, der nächsten Station seiner Suche, fand Telemachos sich von der Gastfreundschaft und Weisheit des Königs Nestor und dessen Rat inspiriert. Nestor empfahl ihm dringend, sich auf den Weg zu Menelaos zu machen, dem Bruder des verstorbenen Agamemnon, um dort mehr über das Schicksal seines Vaters zu erfahren. Nach einem festlichen Opfer zu Ehren der schützenden Göttin Athene, rüstete Nestor Telemachos mit einem prächtigen Streitwagen und seinem Sohn Peisistratos aus, um die Reise nach Sparta anzutreten.

Nach zwei Tagen in der Kutsche erreichten sie schließlich das prächtige Sparta. Hier wurden sie erneut herzlich empfangen und Menelaos, der einstige König von Sparta, begrüßte sie in seinem prunkvollen Palast. Inmitten von goldenen Hallen und funkelnden Gemächern, lauschte Telemachos gespannt den Worten des königlichen Gastgebers.

Menelaos konnte etwas berichten, das Telemachos neuen Mut und Hoffnung gab. Während seiner Rückkehr von Troja hatte er nicht nur vom tragischen Tod des Agamemnon erfahren, sondern auch Neuigkeiten über den Verbleib des Odysseus erhalten. Der heldenhafte König der Ithaker war gefangen, nicht von feindlichen Menschen, sondern von der verführerischen Nymphe Kalypso.

Sein Herz erfüllt von neuer Entschlossenheit, machte sich Telemachos auf den Rückweg nach Ithaka, wissend, dass seine Mutter Penelope in Sorge um das Leben ihres Sohnes erzitterte. Währenddessen lauerten die Freier, die den Hof belagerten, auf ihren Schiffen in der Bucht von Ithaka und schmiedeten finstere Pläne. Die Wahrheit über Odysseus rückte näher, doch die Herausforderungen, die noch vor Telemachos lagen, sollten sich als ebenso gefährlich wie aufregend erweisen.

BEI DEN PHAIAKEN

Auf dem majestätischen Olymp setzte sich Athene erneut für die Freilassung des verlorenen Odysseus ein. Göttervater Zeus, der hoch über den Wolken thronte, entsandte daraufhin den göttlichen Boten Hermes zur abgeschiedenen Insel der Nymphe Kalypso. Mit strenger Stimme befahl er ihr, den griechischen Helden ziehen zu lassen und sein lange ersehntes Schicksal in die eigenen Hände zu nehmen. Kalypso, deren Herz gebrochen war, gehorchte schließlich den Anweisungen der Götter und half Odysseus beim Bau eines einfachen Floßes.

Nach Tagen des emsigen Arbeitens und Vorbereitens stach Odysseus endlich wieder in See, begleitet von den rauschenden Wellen und dem heulenden Wind des endlosen Meeres. Doch nach 17 Tagen auf dem unruhigen Ozean erkannte der rachsüchtige Meeresgott Poseidon den Odysseus. Er grollte dem verlorenen Helden und entfesselte einen gewaltigen Sturm, der das kleine Floß beinahe zerschellen ließ. Nur mit großem Glück und unerschütterlichem Willen erreichte Odysseus schließlich die sicheren Gestade der Insel der Phaiaken.

Am Hof des großmütigen Königs Alkinoos wurde er mit Wohlwollen und Gastfreundschaft empfangen. Odysseus, der fest entschlossen war, seine Heimat Ithaka wiederzusehen, ersuchte den Herrscher um Hilfe bei seiner Rückkehr. Im Laufe der festlichen Mahlzeit, die er mit den edlen Fürsten des Landes teilte, trat ein begabter Sänger auf. Seine Lieder erzählten von den glorreichen Tagen des Trojanischen Krieges und von den heldenhaften Taten der großen Helden, wie Achilles und Odysseus.

Doch Odysseus, von Kummer und Heimweh überwältigt, konnte seine Emotionen nicht mehr im Zaum halten. Mit Tränen in den Augen und einem schmerzlichen Schluchzen in der Kehle bekannte er sich schließlich vor den erstaunten Gastgebern. Er offenbarte seine wahre Identität und die versammelten Phaiaken konnten ihr Glück kaum fassen. Endlich war der vermisste König und Abenteurer gefunden. Und so begann Odysseus, die gebannt lauschenden Zuhörer mit den unglaublichen Abenteuern und Prüfungen zu fesseln, die ihm auf seiner langen Reise widerfahren waren.

GESCHICHTEN DES ODYSSEUS

Nachdem die gewaltige Belagerung von Troja ihr Ende gefunden hatte und die Griechen triumphierten, trieb ein unbarmherziger Sturm ihre kampferprobten Schiffe auf die Küste der geheimnisvollen Insel der Lotophagen. Hier lebten friedfertige Menschen, die den entkräfteten Kundschaftern von Odysseus freundlicherweise von ihren süßen Lotosfrüchten anboten. Unwissend über die verführerische Natur dieser Früchte aßen die Kundschafter gierig davon.

Doch als Odysseus erfuhr, was geschehen war, durchzuckte ihn ein nagender Verdacht. Der Lotos hatte die Seelen der Kundschafter in eine gefährliche Trägheit versenkt. Sie vergaßen ihren wichtigen Auftrag, die Heimreise nach Ithaka und spürten keine Sehnsucht mehr nach ihrer Heimat. Der Zauber der Lotosfrüchte raubte ihnen den klaren Verstand.

Entschlossen und besorgt um seine treuen Gefährten, griff Odysseus ein. Mit fester Hand und unerbittlichem Willen zwang er die Kundschafter, von der verführerischen Frucht abzulassen und an Bord der Schiffe zurückzukehren. Denn er wusste, dass ihre Heimkehr nach Ithaka und die Rückkehr zu ihren Familien und ihren König rechtschaffen wichtiger war als der flüchtige Genuss des vergesslichen Lotos. Die gefährlichen Versuchungen der Insel der Lotophagen sollten nicht das Ende ihres Abenteuers bedeuten, sondern lediglich ein weiterer Schritt auf dem langen und beschwerlichen Weg zurück in die Heimat.

BEI DEN ZYKLOPEN

Einige Tage, nachdem sie die Küste der Lotophagen hinter sich gelassen hatten, erreichten sie die düstere Insel der Zyklopen, jener schrecklichen Riesen, die nur ein einziges grässliches Auge auf ihrer Stirn trugen. Der Hunger trieb Odysseus und seine tapferen Männer dazu, einige der auf der Insel herumlaufenden Ziegen zu schlachten und ihr Fleisch zu verspeisen. Gestärkt und neugierig machte sich Odysseus mit zwölf seiner Gefährten auf, das Landesinnere zu erkunden. In einer abgelegenen Höhle entdeckten sie nicht nur Ziegen und Widder, sondern auch köstlichen Käse und Milch.

Doch das friedliche Festmahl nahm eine düstere Wendung, als der unheimliche Bewohner der Höhle auftauchte. Polyphem, ein riesenhafter Sohn des mächtigen Meeresgottes Poseidon, stellte sich den Eindringlingen in den Weg. Er ergriff zwei der Männer, verschlang sie, als wäre es eine kleine Zwischenmahlzeit und verschloss dann die Höhle mit einem riesigen Felsbrocken. Jede Flucht schien aussichtslos und Odysseus und seine Gefährten saßen in der Falle.

Während sie in der Dunkelheit der Höhle auf ihre Rettung hofften, begann Odysseus fieberhaft nach einem Ausweg zu suchen. Als der Morgen anbrach, bot er Polyphem einen Schluck aus seinem Weinschlauch an und stellte sich als "Niemand" vor. Der betrunkene Riese, dessen Sinne getrübt waren, fiel in einen tiefen Schlaf. In diesem Moment ergriffen Odysseus und seine Männer einen glühenden Speer und stachen das einzige Auge des Riesen aus.

Das entsetzliche Gebrüll des Zyklopen alarmierte die anderen in der Nähe lebenden Riesen. Als sie hinzueilten und Polyphem nach Hilfe schrie, rief er, "Niemand hat mich angegriffen!" Verwirrt und belustigt von seinem vermeintlichen Wahnsinn, zogen sie sich wieder zurück. Nachdem sie den Felsen vom Höhleneingang gerollt hatten, gelang Odysseus und seinen Gefährten die Flucht.

Zurück an Bord ihrer Schiffe trieb Odysseus das letzte Spiel mit dem zornigen Zyklopen. Er rief seinen wahren Namen und Spottgesänge in die Dunkelheit. Die Wut des Riesen kannte keine Grenzen und er beschwor Poseidon herbei, um Rache zu nehmen. Er flehte den Meeresgott an, Odysseus die Heimkehr nach Ithaka zu verwehren und all seine Gefährten zu vernichten. Die Abenteuer des Odysseus nahmen weiterhin gefährliche Wendungen und die rachsüchtigen Götter schienen ihm hartnäckig nachzustellen.

DIE ZAUBERIN

Die Flotte des Odysseus legte schließlich auf der Insel des Windgottes Aiolos an, der sie freundlich empfing und einen ganzen Monat lang beherbergte. Als Zeichen seiner Freundschaft schenkte er Odysseus einen besonderen Schlauch, der, wenn geöffnet, die Macht hatte, einen gewaltigen Sturm zu entfesseln. Mit frischer Energie und der verheißungsvollen Aussicht auf ihre Heimat setzten sie nach zehn Tagen Segeln bereits die Umrisse von Ithaka am Horizont in Sicht.

Doch die Neugierde und Ungeduld einiger Gefährten verführte sie dazu, den Schlauch des Aiolos zu öffnen. Der unerwartete Wind brach über sie herein und zwang das Schiff zurück zu der Insel, von der sie gerade aufgebrochen waren. Odysseus konnte die Tragödie kaum fassen, aber es blieb keine Zeit zur Trauer, denn weitere Abenteuer warteten.

Die Flotte landete schließlich auf der Insel der gefürchteten Laistrygonen, menschenfressenden Riesen, die sich die Segler als schreckliche Feinde herausstellten. Nur wenige Schiffe entkamen dieser schrecklichen Begegnung und setzten ihre Reise fort. Ihre nächsten Schritte führten sie auf die Insel der geheimnisvollen Kirke, einer mächtigen Zauberin, die mit ihren bezaubernden Kräften die Männer in ihren Bann zog.

Nach einem opulenten Mahl, das Kirke ihnen darbot, entsandte Odysseus einige seiner Krieger ins Innere der Insel, um die Begegnung mit der Zauberin zu suchen. Dort wurden sie zwar freundlich empfangen, doch Kirkes Speisen und Tränke waren verzaubert. Die starken Männer verwandelten sich vor ihren Augen in grunzende Schweine. Nur einer von ihnen, der das Haus der Zauberin nicht betreten hatte, konnte Odysseus von diesem schrecklichen Schicksal berichten.

Fest entschlossen, seine Gefährten zu retten, machte sich Odysseus auf den Weg zum Haus der Kirke. Unterwegs jedoch erkannte ihn der Götterbote Hermes und reichte ihm ein besonderes Kraut, das ihn vor den Zauberkräften der Zauberin schützte. Mutig und wachsam betrat Odysseus das Haus der Kirke und wurde dort mit überraschender Freundlichkeit empfangen. Die Zauberin war begeistert, einen so mutigen und klugen Gast zu haben und unterlag seinem Charme. Gemeinsam überwanden sie die Zauberkräfte, die ihre Gefährten in Schweine verwandelt hatten und sie beendete den Fluch. Ein neues Kapitel in Odysseus langem Abenteuer begann und die schlaue List hatte ihn ein weiteres Mal gerettet.

HADESFAHRT

Ein volles Jahr verweilten Odysseus und seine treuen Gefährten auf der zauberhaften Insel von Kirke. Die weise Zauberin riet ihnen, den berühmten blinden Seher Teiresias um Rat für ihre Zukunft zu fragen. Doch dies erforderte eine ungewöhnliche und gefährliche Reise in den Schatten des Hades, das Reich der Toten selbst.

Entschlossen, die Weissagungen des Teiresias zu erlangen, bereitete Odysseus ein opulentes Opfer für die Geister der Verstorbenen vor. Überraschenderweise fanden sich die Schatten der Verstorbenen ein und mischten sich unter die Lebenden. Mitten unter ihnen befand sich der alte Seher Teiresias, der das Opfer dankbar annahm. In einem verschwommenen und mysteriösen Dialog offenbarte er Odysseus seine düstere Zukunft.

Teiresias prophezeite, dass der mächtige Meeresgott Poseidon mit unaufhörlichem Zorn auf Odysseus herabschauen würde.

Sein Zorn war gerechtfertigt, da Odysseus einst seinen Sohn geblendet hatte und die Rache des Gottes würde grausam sein. Außerdem erzählte der Seher von einer wichtigen Prüfung, die Odysseus und seine Gefährten auf der Insel Thrinakia bevorstand. Sie wurden gewarnt, die heiligen Rinder des Sonnengottes Helios nicht anzurühren, da dies verheerende Konsequenzen haben würde.

Mit den düsteren Weissagungen im Herzen und einem Hauch der Ewigkeit in ihren Augen verließen die Männer schließlich die düstere Unterwelt und kehrten zurück zur Insel von Kirke. Die Prüfungen und Gefahren, die ihnen bevorstanden, wurden mit jeder neuen Wendung ihres Abenteuers anspruchsvoller und das Schicksal schien entschlossen, Odysseus und seine Gefährten auf die Probe zu stellen.

DIE RÜCKKEHR NACH ITHAKA

DIE RINDER DES HELIOS

Die weise Zauberin Kirke erteilte erneut wertvolle Ratschläge für die fortwährende Odyssee der tapferen Seefahrer. Sie warnte sie vor den verlockenden Gesängen der gefährlichen Sirenen, Zwitterwesen, die aus den Verschmelzungen von Frauen und Greifvögeln hervorgingen. Ihr Gesang hatte schon so manchen Seemann auf die Klippen gelockt, wo er verhängnisvoll zerschellte. Odysseus, stets klug und wachsam, schützte seine Mannschaft, indem er ihren Ohren mit Wachs den Klang der Sirenen versiegelte. Doch sein eigener Wissensdurst führte dazu, dass er sich selbst an den Mast des Schiffes fesseln ließ. So konnte er den betörenden Gesängen der Sirenen lauschen, ohne dabei Schiff und Mannschaft in Gefahr zu bringen.

Die Reise führte sie weiter durch gefährliche Gewässer, wo sie zwei unheimlichen Klippen begegneten. Hier lauerte Charybdis, ein grauenerregendes Monster, das regelmäßig das Meer verschlang und wieder ausspie. Auf der anderen Seite lauerte

Skylla, das sechsköpfige Seeungeheuer, das bei ihrem Angriff sechs der tapferen Gefährten verschlang. Diese furchtbaren Prüfungen erschütterten die Mannschaft bis ins Mark und dennoch setzten sie unbeirrt ihre Reise fort.

Doch die größte Prüfung und zugleich die verhängnisvollste Begegnet erwartete sie auf der Insel Thrinakia, wo die Herden des Sonnengottes Helios friedlich weideten. Obwohl die Mannschaft gewarnt worden war, konnten sie ihrer gierigen Hunger nicht widerstehen und schlachteten einige der kostbaren Rinder. Ein Festmahl wurde zubereitet und sie versanken in Gelage und Unachtsamkeit. Die Strafe für ihren Verstoß folgte auf dem Fuße: Ein gewaltiger Sturm, von unvergleichlicher Wut, entfesselte die elementaren Kräfte und verbannte die gesamte Mannschaft in die Tiefen des Meeres.

Einzig Odysseus konnte sich an einigen Planken retten und trieb hilflos auf den Wellen. Schließlich erreichte er eine entlegene Insel, wo er um sein Überleben kämpfte. Diese verhängnisvolle Wendung führte ihn zu der Nymphe Kalypso, die von seiner Stärke und Klugheit verzaubert wurde. Hier schloss sich der Kreis von Odysseus Odyssee. Sieben lange Jahre verbrachte er in der liebevollen Obhut der Nymphe, die ihn nicht ziehen lassen wollte und sogar eine Hochzeit anstrebte.

Erst als der Befehl des obersten aller Götter, Zeus selbst, erging, wurde Kalypso dazu gezwungen, Odysseus in die Welt der Menschen ziehen zu lassen. Ein neues Kapitel in seinem unvergleichlichen Abenteuer begann, geprägt von Sehnsucht nach seiner Heimat, seiner geliebten Penelope und seinem treuen Sohn Telemachos.

RüCKKEHR NACH ITHAKA

Die phaiakischen Schiffe brachten Odysseus nach einer langen und beschwerlichen Reise endlich in seine geliebte Heimat Ithaka zurück. Doch bevor er sich offenbaren konnte, plante die weise Göttin Athene, die ihm stets beistand, eine raffinierte Täuschung.

Sie hüllte den heimkehrenden König in das Äußere eines alten Bettlers, um unbemerkt die wahren Geschehnisse im Palast zu beobachten und Penelopes Treue zu testen.

Im Hause des freundlichen Schweinehirten Eumaios fand der getarnte Odysseus Zuflucht. Hier konnte er sich sammeln und seine Rückkehr strategisch planen. Doch das Schicksal hielt eine freudige Überraschung für ihn bereit: Er traf auf seinen längst vermissten Sohn Telemachos, der dank Athenes Weisheit und Warnungen den heimtückischen Freiern entkommen war. Die herzzerreißende Wiedervereinigung von Vater und Sohn brachte neue Hoffnung in Odysseus Herzen.

Gemeinsam schmiedeten sie einen gewagten Plan, wie sie die Freier, die den Palast belagerten, zur Rechenschaft ziehen konnten. Odysseus, immer noch als alter Bettler getarnt, begann, die Intrigen und Ränkespiele der Freier zu durchschauen. Inzwischen hatte auch Penelope eine folgenschwere Entscheidung getroffen, um ihre treue Liebe und ihren festen Willen zu beweisen.

Sie verkündete ein gewagtes Wettschießen, bei dem derjenige, der es schaffte, einen Pfeil durch die Ösen von zwölf hintereinander aufgestellten Äxten zu schießen, ihre Hand gewinnen würde. Die Freier, übermütig und selbstgefällig, freuten sich über diese Aussicht und glaubten, die Königin endlich für sich zu gewinnen. Doch in ihrer Gier bemerkten sie nicht, dass auch der vermeintliche Bettler anwesend war und Telemachos heimlich sämtliche Waffen aus dem Saal entfernt hatte.

Es sollte sich als folgenreicher Fehler erweisen. Als der Moment der Wahrheit kam und die Freier scheiterten, den Bogen des Odysseus zu spannen und den Pfeil zu schießen, offenbarte sich die wahre Identität des bettelnden Fremden. Der große Augenblick, in dem Odysseus sich als Held und Retter seiner geliebten Heimat und seiner Familie enthüllte, war gekommen. Die Zeit der Rache und Erlösung war endlich da.

DAS ENDE DER REISE

In dem entscheidenden Moment, als die Freier ihre ungeschickten Versuche, den Bogen des Odysseus zu spannen und den Pfeil zu schießen, abschlossen, erhob sich der vermeintliche Bettler von seinem Platz. Er war niemand anderes als Odysseus selbst, in seiner wahren Gestalt. Mit einer furchteinflößenden Leichtigkeit spannte er den Bogen und schoss den Pfeil durch die zwölf Ösen.

Der erste Pfeil traf sein Ziel mitten ins Herz des Anführers der Freier und der zweite Pfeil, den Odysseus folgen ließ, versetzte den Feind in die endgültige Stille des Todes. Chaos brach aus, als die Wahrheit klar wurde. Die Türen wurden verschlossen und nun begann das schreckliche Gericht von Odysseus und Telemachos über diejenigen, die ihren Palast und ihre Frau entehrt hatten.

Penelope, die all die Jahre auf ihren geliebten Ehemann gewartet hatte, war nach wie vor skeptisch gegenüber dem Bettler, der plötzlich so mächtig und selbstsicher aufgetreten war. Doch es war die Göttin Athene, die den Moment der Erkennung beschleunigte. Vor den Augen ihrer Frau und ihrer Familie, erzählte Odysseus ihr von dem geheimen Ölbaum, den er einst um ihr eheliches Bett gebaut hatte. In diesem Augenblick, als die Details ihrer intimsten Erinnerungen enthüllt wurden, erkannte Penelope die Wahrheit und stürzte sich überglücklich in die Arme ihres zurückgekehrten Ehemanns.

Die beiden teilten ihre Geschichten, enthüllten, wie sie die vergangenen zwanzig Jahre überstanden hatten, getrennt und doch in unerschütterlicher Treue zueinander. Penelopes erstaunliche List, die Freier über all die Jahre hinweg abzuwehren, indem sie die Weberei eines Hochzeitsgewands vortäuschte und es nachts wieder auftrennte, war nur ein Zeichen ihrer unerschütterlichen Hingabe und Klugheit.

Athenes Eingreifen wurde erneut vonnöten, um Odysseus vor der Rache der wütenden Bauern zu schützen, die den Tod ihrer Söhne und Anführer nicht ungesühnt lassen wollten. Die Göttin der Weisheit und Strategie, Athene, setzte ihren Einfluss ein und schuf dauerhaften Frieden auf Ithaka, indem sie einen mächtigen Blitz von Zeus heraufbeschwor. So endete die epische Reise des Odysseus mit Versöhnung, Liebe und einem Wiedersehen, das alles bisher Erlebte wert war.

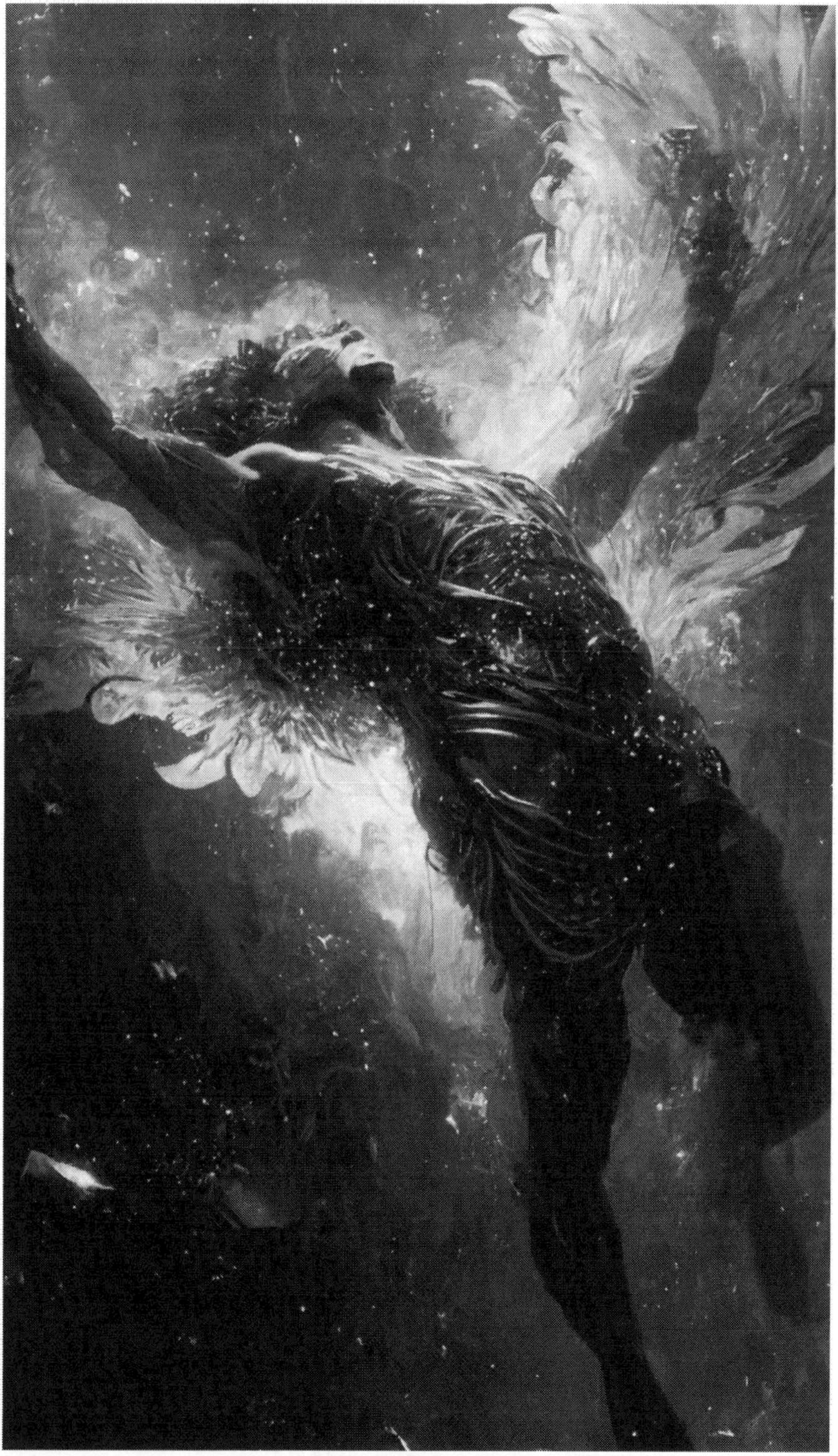

- KAPITEL 12 -
MYTHEN UND GESCHICHTEN

Es gibt Geschichten, die sind wie Sterne am Nachthimmel – sie strahlen hell und zeitlos. Ihre Faszination verblasst nie. Die griechische Mythologie birgt solche Geschichten, die viele Jahrhunderte überdauert haben und immer wieder in den Herzen der Menschen aufleben. Willkommen in einem Kapitel, das sich den epischen Mythen und Geschichten widmet, die das Fundament dieser reichen und fesselnden Mythologie bilden.

In einer Ära, die von den Göttern regiert wurde, entfalten sich diese Erzählungen. Die Geschichten von Göttern, die den Olymp bewohnen, von Helden, die Ungeheuer besiegen und von tragischen Schicksalen, die das Leben der Menschen formen. Diese Mythen sind nicht nur alte Märchen; sie sind ein Spiegel der menschlichen Natur, der tiefen Sehnsüchte, der Hoffnungen und der Ängste.

Die Welt der griechischen Mythologie ist ein Universum, in dem das Übernatürliche auf das Alltägliche trifft und das Göttliche mit dem Menschlichen verschmilzt. Hier werden die Grundlagen der menschlichen Existenz auf eine Weise erforscht, die zeitlos und universell ist. Diese Geschichten sind wie Wurzeln, die sich tief in die Erde der menschlichen Kultur eingraben und die Grundlage für unsere Überzeugungen, Werte und Träume legen.

DER TROJANISCHE KRIEG
- AUS DEM TROJANISCHEN SAGENZYKLUS -

Im Herzen der antiken Welt, zwischen den Ufern des mythischen Flusses Scamander und den gewaltigen Mauern von Troja, entfaltete sich eines der epischen Kapitel der Menschheitsgeschichte – der Trojanische Krieg. Dies ist die Geschichte von heldenhaftem Mut, unerschütterlicher Entschlossenheit und tragischer Liebe, die die Jahrhunderte überdauert hat und bis heute die Gemüter bewegt.

DAS URTEIL VON PARIS

In den glanzvollen Hallen des Olymp, wo die Götter über das Schicksal der Welt wachten, entbrannte eines Tages ein Streit von beispielloser Pracht. Drei der mächtigsten Göttinnen des Olymp – Hera, die Götterkönigin und Ehefrau des Zeus; Athene, die Göttin der Weisheit; und Aphrodite, die Göttin der Liebe – beanspruchten den Titel der schönsten unter ihnen.

Der Streit war so groß und die Rivalität so heftig, dass sogar Zeus, der mächtigste der Götter, sich nicht traute, ein Urteil zu fällen. Stattdessen entschied er sich, den jungen Prinzen Paris von Troja, einen Sterblichen, dazu zu berufen, das Urteil zu sprechen.

Paris, ein Mann von beeindruckender Schönheit und Anmut, wurde auf den Olymp gerufen. Vor ihm standen die drei göttlichen Schönheiten, jede in ihrer ganzen Pracht. Hera, die Majestätische, versprach ihm die Herrschaft über die größten Königreiche. Athene, die Kluge, versprach ihm unermessliche Weisheit und Ruhm im Krieg. Doch es war Aphrodite, die Göttin der Liebe, die Paris mit einem verführerischen Lächeln und einem verlockenden Versprechen gewann.

Aphrodite sagte: "Wähle mich, Prinz Paris und ich werde dir die weltweit schönste Frau schenken – Helena von Sparta." Helena, die Ehefrau des Königs Menelaos von Sparta, galt als die Verkörperung der Schönheit selbst.

Der Glanz in Helenas Augen, so hieß es, konnte selbst den härtesten Mann in Verzückung versetzen. Paris konnte der Versuchung der Göttin der Liebe nicht widerstehen und reichte ihr den goldenen Apfel, der das Urteil verkündete. Aphrodite wurde zur Schönsten der Göttinnen erklärt, doch dieser scheinbare Sieg sollte einen Konflikt auslösen, der die antike Welt erschüttern würde.

Die Entführung von Helena und der Beginn des Trojanischen Krieges wurden durch Paris Entscheidung ausgelöst und der Schatten dieses Urteils sollte über die Jahrhunderte hinweg auf den unvergesslichen Krieg werfen. Dies war der Anfang einer epischen Geschichte von Liebe, Verrat und heroischem Mut – die Geschichte des Trojanischen Krieges, die bis heute die Menschheit fasziniert.

DIE ENTFüHRUNG VON HELENA

Die Entscheidung von Paris, Aphrodite als die schönste Göttin zu wählen und dafür die Liebe der bezaubernden Helena zu erhalten, entfachte einen Funken, der die Schicksalsräder in Bewegung setzte. Es war eine Entscheidung, die Troja in die Dunkelheit des Krieges und der Tragödie führen sollte.

Paris, vom Versprechen der Göttin der Liebe verführt, kehrte nach Troja zurück. Dort empfing ihn seine Familie, doch die freudigen Gesichter und herzlichen Umarmungen konnten den Schatten seiner Entscheidung nicht vertreiben. Der Hof von Troja war erfüllt von Gerüchten und Klatsch über Paris Reise nach Griechenland und seine Begegnung mit Helena.

In der Zwischenzeit verbreitete sich die Nachricht von Helenas Entführung wie ein Lauffeuer in ganz Griechenland. König Menelaos von Sparta, der verlassene Ehemann, fühlte sich tief beleidigt und gedemütigt. Er hatte Helena geliebt wie keine andere Frau auf der Welt und war entschlossen, sie zurückzubringen.

Menelaos rief die Mächtigen Griechenlands zusammen, darunter sein Bruder Agamemnon, der mächtige König von Mykene und Odysseus, der kluge König von Ithaka. Gemeinsam beschlossen sie, sich für Helenas Ehre und die Wiederherstellung ihres Ansehens zu erheben.

Die griechischen Krieger, angeführt von diesen mächtigen Königen und Helden, formten eine gewaltige Armee und segelten nach Troja. Es war der Beginn eines der größten Abenteuer und der verheerendsten Kriege in der Geschichte der Menschheit – der Trojanische Krieg.

Die Entführung von Helena, von der Göttin Aphrodite gefördert und von der Gier nach Liebe und Schönheit angetrieben, hatte den Konflikt ausgelöst, der die Stadt Troja in einen Strudel der Gewalt und des Chaos stürzen würde. Während die griechischen Schiffe auf die Ufer von Troja zusteuerten, ahnte niemand, dass der Kampf um Helena die antike Welt für immer verändern würde.

Der Trojanische Krieg war in vollem Gange und die Helden und Götter würden bald in den Mittelpunkt einer epischen Geschichte von Leidenschaft, Heldenmut und Tragödie treten.

DIE MACHT DER RACHE

Die gewaltige griechische Flotte näherte sich den Ufern von Troja und die düsteren Wolken des Krieges zogen am Horizont auf. Der Grund für diese Expedition war klar und unverrückbar: die Rettung der schönen Helena und die Wiederherstellung der Ehre von König Menelaos von Sparta.

Agamemnon, der mächtige König von Mykene und Bruder von Menelaos, führte die griechische Armada an. Er hatte ein Ziel vor Augen: Troja sollte brennen und die Stadtmauern sollten in Trümmern liegen. Odysseus, der kluge König von Ithaka, war sein treuer Gefährte und Ratgeber.

Die Könige und Helden, die sich um Agamemnon und Odysseus scharten, waren zahlreich und tapfer. Doch unter ihnen ragte ein Krieger hervor, dessen Name schon damals Legende war – Achilles. Er war unverwundbar, bis auf eine einzige Stelle an seiner Ferse und seine Wut und sein Ehrgeiz waren ebenso legendär wie seine Kampffähigkeiten.

Die Belagerung von Troja begann und zehn lange Jahre sollten ins Land ziehen, während die beiden Seiten unerbittlich kämpften. Die Stadtmauern von Troja erwiesen sich als nahezu uneinnehmbar und die Helden der Stadt, darunter Hector, der tapfere Prinz von Troja, verteidigten sie mit Hingabe.

Während die Schlachten wüteten und die Helden des Trojanischen Krieges auf beiden Seiten ihr Bestes gaben, mischten sich auch die Götter in den Konflikt ein. Hera, Athene und Poseidon unterstützten die Griechen, während Aphrodite, Apollon und Ares auf der Seite der Trojaner standen. Die Götter lenkten die Geschicke der Menschen und beeinflussten das Schlachtfeld.

DAS TROJANISCHE PFERD

Die Stadt Troja, inmitten der gewaltigen Mauern und Türme, trotzte den Angriffen der griechischen Armee und die Belagerung schien scheinbar endlos. Die Griechen waren entschlossen, die Stadt zu erobern, doch die Mauern von Troja schienen uneinnehmbar zu sein. Die Kriegerinnen und Krieger, die Helden und Götter, kämpften unermüdlich in einem Konflikt, der von beiden Seiten keinen Sieger fand.

Die Stimmung unter den Griechen war düster. Selbst die mächtigsten Helden, wie Achilles, wurden von Troja-Feldzug gezeichnet. Doch Odysseus, der kluge König von Ithaka, hatte eine Idee, die den Verlauf des Krieges für immer verändern sollte.

Er versammelte die klügsten Köpfe der griechischen Armee und präsentierte einen Plan, der so raffiniert wie gefährlich war. Sie würden ein riesiges hölzernes Pferd bauen, das die Troier als

Friedensgeschenk interpretieren sollten. Doch im Inneren dieses hölzernen Ungetüms würden die besten griechischen Krieger versteckt sein.

Das Trojanische Pferd wurde von den Griechen mit Sorgfalt und Detailreichtum erbaut. Es war ein Kunstwerk aus Holz und Metall, das den Troiern Frieden und Unterwerfung signalisieren sollte. Die Griechen hofften, dass die Stadt ihre Tore öffnen und das Pferd als Zeichen des endgültigen Rückzugs der Griechen akzeptieren würde.

Das Trojanische Pferd wurde vor den Toren der Stadt platziert und die griechische Flotte versteckte sich abseits der Küste. Die Troier betrachteten das Geschenk mit Staunen und Unbehagen. Einige waren skeptisch und misstrauisch, doch andere sahen darin ein Zeichen des Sieges und der Erlösung von dem langwierigen Krieg.

Laokoon, ein Troier von klugem Geist und besonderer Einsicht, warnte vor der Gefahr des Pferdes. Doch seine Warnungen wurden nicht gehört und die Troier glaubten eher den Worten von Sinon, einem griechischen Spion, der vorgab, von den Griechen verstoßen worden zu sein und nun zur Seite der Troier wechselte.

Die Troier öffneten die Tore ihrer Stadt und zogen das Trojanische Pferd in die Stadt. Sie feierten ausgelassen und glaubten, dass der lange Krieg endlich vorbei war. Die griechische Flotte kehrte in der Dunkelheit zurück und die besten griechischen Krieger, darunter Odysseus und Diomedes, stiegen aus dem Inneren des Pferdes hervor.

Die Stadt Troja schlief, als die Griechen aus dem Trojanischen Pferd stürmten und die Tore öffneten, um den Rest der griechischen Armee hereinzulassen. Das schicksalhafte Geschenk wurde zum Untergang Trojas.

Die Stadt brannte in einem gewaltigen Feuersturm und die Troier wurden im Schlaf niedergemetzelt. Die Mauern von Troja, die so lange standgehalten hatten, lagen in Trümmern. König Priamos von Troja wurde in seinem Palast ermordet und die Stadt wurde geplündert.

Das Trojanische Pferd hatte den Krieg entschieden, aber es war auch der Anfang einer Tragödie von ungeahntem Ausmaß. Troja, einst stolz und uneinnehmbar, war gefallen und der Krieg, der zehn Jahre gedauert hatte, endete in einem gewaltigen Triumph für die Griechen.

DAS VERMäCHTNIS DES TROJANISCHEN KRIEGES

Mit dem Fall von Troja endete der zehnjährige Konflikt, der die Antike erschüttert hatte. Die Stadt, die einst stolz und uneinnehmbar war, lag nun in Trümmern und der Krieg hatte sein düsteres Ende gefunden. Doch der Trojanische Krieg sollte nicht nur in den Geschichtsbüchern verewigt werden – er hinterließ ein Vermächtnis, das die Menschheit für immer beeinflusste.

Die Helden, die während des Krieges gekämpft hatten, kehrten nach Hause zurück, doch ihre Seelen waren gezeichnet von den Schrecken des Krieges. Achilles, der mächtige Krieger, wurde von Paris Pfeil getroffen und starb in der Schlacht. Sein Tod war ein schmerzlicher Verlust für die Griechen und sein Name würde für immer in den Annalen der Geschichte verewigt sein.

Odysseus, der kluge König von Ithaka, kehrte nach Hause zurück und begann seine legendäre Odyssee, auf der er zahlreiche Abenteuer und Prüfungen erlebte, bevor er endlich zu seiner geliebten Penelope zurückkehrte.

Hector, der tapfere Prinz von Troja, wurde von Achilles in einem epischen Duell getötet und sein Vater König Priamos wurde in seinem Palast ermordet. Die Stadt Troja, einst ein Symbol für Stolz und Macht, lag nun in Trümmern und ihr Untergang sollte als warnende Geschichte für die Menschheit dienen.

Doch der Trojanische Krieg war nicht nur eine Geschichte von Gewalt und Untergang. Er war auch eine Geschichte von Liebe, Leidenschaft und Rache. Die Schönheit von Helena und die Macht der Götter hatten die Menschen in einen Strudel von Leidenschaft und Konflikt gezogen, der die Welt für immer verändert hatte.

Der Trojanische Krieg wurde in den Epen von Homer, der »Ilias« und der »Odyssee«, verewigt. Diese epischen Gedichte erzählten von den heldenhaften Taten der Krieger und den Abenteuern von Odysseus auf seiner langen Reise nach Hause. Sie wurden zu den Eckpfeilern der griechischen Literatur und inspirierten Generationen von Dichtern, Schriftstellern und Künstlern.

Das Vermächtnis des Trojanischen Krieges erstreckte sich weit über die antike Welt hinaus. Die Geschichte von heldenhaftem Mut, tragischer Liebe und göttlicher Intervention blieb zeitlos und faszinierend. Sie erinnerte die Menschheit daran, dass Kriege und Konflikte oft aus menschlichen Leidenschaften und Gier entstehen, aber auch, dass die Menschheit fähig ist, über sich selbst hinauszuwachsen und die größten Prüfungen zu bestehen.

Der Trojanische Krieg war ein Wendepunkt in der Geschichte der Menschheit, ein Ereignis, das die antike Welt erschütterte und ein Vermächtnis hinterließ, das bis heute in unseren Herzen und Köpfen lebt. Es war eine Geschichte von Heldenmut und Tragödie, von Liebe und Verrat, die uns daran erinnert, dass die Menschheit in all ihrer Vielfalt und Leidenschaft unaufhörlich nach Wegen sucht, ihre eigenen Geschichten zu schreiben und ihr eigenes Schicksal zu gestalten.

Der Krieg um Troja war ein schier endloses Drama von Heldentum und Tragödie, von Ruhm und Tod. Die Krieger kämpften aus Liebe, Rache, Ehrgeiz und Pflichtgefühl. Doch die Götter und das Schicksal hielten die Fäden fest in ihren Händen und die Stadt Troja blieb ein unüberwindlicher Gegner.

Während die zehn Jahre des Krieges ins Land zogen, schien ein Ende in immer weitere Ferne zu rücken. Die Helden, die tapferen Krieger und die Götter der Antike waren in einen Strudel von Gewalt und Leidenschaft geraten, der die Welt für immer verändern sollte. Der Trojanische Krieg würde in die Geschichte als eine der faszinierendsten und tragischsten Epochen der Menschheit eingehen – ein Krieg, der nicht nur die Stadt Troja zerstören, sondern auch die Menschheit mit einer Erzählung von heldenhaftem Mut und unendlicher Sehnsucht bereichern würde.

DER AUFSTAND GEGEN DIE GÖTTER

- AUS DER TITANOMACHIE -

In der dunklen Ära der griechischen Mythologie, einer Zeit, in der die Götter die Menschen mit harter Hand beherrschten, erhebt sich die Geschichte von Prometheus wie ein leuchtender Stern am düsteren Himmel. Prometheus, ein Titan von gewaltiger Intelligenz und unbezwingbarem Willen, wurde zum Symbol für den Widerstand gegen die Tyrannei der olympischen Götter.

DIE DUNKELHEIT DES SCHICKSALS

In einer Zeit, die von den Göttern beherrscht wurde, lastete eine finstere Dunkelheit über der Welt. Die Menschen, schwach und ohnmächtig im Angesicht der göttlichen Macht, lebten in einer Welt der Unterdrückung und Furcht. Die Götter thronten hoch oben im Olymp und von dort aus lenkten sie die Geschicke der Sterblichen nach ihrem Willen. Die Menschen beteten zu den Göttern, um Schutz und Segen zu erlangen, doch oft wurden ihre Gebete ungehört gelassen.

Die göttliche Ordnung war unumstößlich und die Menschen hatten keinen Einfluss auf ihre eigenen Schicksale. Doch in den Herzen einiger Sterblicher begann ein Funke zu glimmen, ein Funke, der sich gegen die düstere Herrschaft der Götter auflehnte. Dieser Funke war der Beginn eines Aufstands, der die Welt erschüttern sollte.

Die Menschen sehnten sich nach Freiheit und Gerechtigkeit und sie wagten es, die Ketten der göttlichen Tyrannei zu hinterfragen. Sie konnten die Ungerechtigkeiten und das Leiden nicht länger ertragen und in ihren Herzen regte sich der Wunsch nach einem Licht in der Dunkelheit. Es war in dieser Zeit, dass ein mutiger Sterblicher namens Prometheus auftrat, bereit, den Funken des Widerstands zu entfachen und den Menschen den Mut zu geben, den sie benötigten, um sich gegen die Götter zu erheben.

Prometheus, ein Titan von großer Intelligenz und Weisheit, war entschlossen, die Ungerechtigkeit der göttlichen Ordnung zu bekämpfen. Sein Herz brannte vor Mitgefühl für die leidenden Menschen und er wagte es, das Feuer aus dem Himmel zu stehlen und es den Sterblichen zu bringen. Das Feuer war ein Symbol des Wissens und der Zivilisation und es würde den Menschen die Fähigkeit verleihen, sich gegen die Götter zu erheben und ihr eigenes Schicksal zu gestalten.

Prometheus entfachte den Funken des Widerstands in den Herzen der Sterblichen und lehrte sie, die Macht der Götter infrage zu stellen. Er brachte ihnen das Wissen und die Fähigkeiten, die sie benötigten, um sich gegen die himmlische Tyrannei zu wehren. Doch seine mutige Tat sollte nicht ohne Konsequenzen bleiben, denn die Götter würden seine Rebellion nicht ungestraft lassen.

So begann die Geschichte des Aufstands gegen die Götter, ein epischer Konflikt zwischen göttlicher Macht und menschlichem Mut. Ein Konflikt, der die Welt für immer verändern würde.

DER FUNKE DES WIDERSTANDS

Prometheus hatte das Feuer aus dem Himmel gestohlen und den Menschen gebracht und mit ihm brachte er die Macht des Wissens. Die Sterblichen, die einst in Dunkelheit und Unwissenheit gelebt hatten, konnten nun das Licht der Erkenntnis sehen. Es war, als ob ein neues Zeitalter angebrochen wäre, in dem die Menschen die Fesseln ihrer Abhängigkeit von den Göttern abwarfen.

Die Götter selbst beobachteten diese Entwicklung mit Misstrauen und Zorn. Sie sahen, wie die Menschen begannen, die Welt um sich herum zu verstehen und ihr Schicksal in die eigenen Hände zu nehmen. Sie sahen, wie die Sterblichen ihre Fähigkeiten ausbauten und begannen, sich gegen die göttliche Tyrannei zu wehren.

Prometheus selbst zahlte einen hohen Preis für seine mutige Tat. Die Götter, insbesondere Zeus, waren entrüstet über seine Rebellion. Prometheus wurde gefangen genommen und an einen Felsen im Kaukasus gebunden, wo ein Adler Tag für Tag sein Fleisch fraß, während sein Körper über Nacht heilte, nur um am nächsten Tag erneut gepeinigt zu werden.

Doch Prometheus blieb standhaft und weigerte sich, seine Überzeugungen aufzugeben. Er ertrug die unermüdliche Folter, denn er wusste, dass sein Opfer nicht umsonst war. Der Funke des Widerstands, den er entfacht hatte, brannte weiterhin in den Herzen der Menschen.

Währenddessen setzten die Menschen ihren Kampf gegen die Götter fort. Sie begannen, sich zu organisieren und sich gegen die himmlische Tyrannei zu erheben. Sie erkannten, dass sie die Macht hatten, ihre eigenen Geschicke zu lenken und sie würden diese Macht nicht mehr aufgeben.

Der Funke des Widerstands, den Prometheus entfacht hatte, breitete sich aus wie ein Lauffeuer. Die Menschen wurden zu Kämpfern für ihre eigene Freiheit und Gerechtigkeit. Sie waren entschlossen, die Ketten der Unterdrückung zu zerbrechen und die Dunkelheit des Schicksals zu vertreiben.

Der Aufstand gegen die Götter hatte begonnen und die Welt sollte nie wieder dieselbe sein. Die Sterblichen hatten den Mut gefunden, sich gegen die göttliche Ordnung zu erheben und sie würden für ihre Freiheit kämpfen, wenngleich es bedeutete, sich den mächtigsten Wesen des Universums entgegenzustellen. Der Funke des Widerstands war entfacht und er würde die Welt in ein neues Zeitalter führen, in dem die Sterblichen ihre eigenen Geschicke schreiben würden.

DER AUFSTAND ENTFACHT SICH

In den Herzen der Menschen breitete sich der Funke des Widerstands unaufhaltsam aus. Die Sterblichen, einst gezwungen, in Unterwürfigkeit zu leben, hatten nun einen Vorgeschmack auf die Freiheit geschmeckt. Sie begannen, sich zu organisieren und sich gegen die Götter zu erheben, deren Herrschaft sie jahrhundertelang erduldet hatten.

Die Götter sahen mit wachsendem Unbehagen, wie die Menschen begannen, sich zu wehren. Sie erkannten, dass ihre Macht nicht mehr uneingeschränkt war, denn die Sterblichen hatten das Feuer des Wissens, das Prometheus ihnen gebracht hatte, genutzt, um sich zu befreien. Die göttliche Ordnung geriet ins Wanken und die Götter waren gezwungen, auf die aufkommende Rebellion zu reagieren.

Doch die Menschen waren entschlossen und kämpften mit einer Entschlossenheit, die die Götter in Erstaunen versetzte. Sie vereinten sich unter dem Banner des Widerstands und lehnten sich gegen die göttliche Tyrannei auf. Die Schlachten waren gewaltig und der Himmel selbst schien über den tobenden Konflikt zu weinen.

Die Götter, die einst unantastbar erschienen, mussten erkennen, dass ihre Macht begrenzt war. Die Sterblichen hatten ihren Mut gefunden und erkannten, dass sie nicht länger in Furcht vor den himmlischen Herrschern leben mussten. Sie waren bereit, jeden Preis zu zahlen, um die Tyrannei der Götter zu beenden.

Der Aufstand der Menschen gegen die Götter wurde zu einem epischen Konflikt, der die Welt erschütterte. Die Menschen, die einst als schwach und ohnmächtig galten, hatten ihre Stimmen erhoben und waren entschlossen, für ihre Freiheit und Gerechtigkeit zu kämpfen.

Die Geschichte des Aufstands gegen die Götter erinnert uns daran, dass selbst die mächtigsten Herrscher nicht unantastbar sind. Sie erinnert uns daran, dass die Menschheit immer nach Freiheit und Gerechtigkeit strebt und bereit ist, für diese Werte zu kämpfen. Und sie erinnert uns daran, dass der Funke des Widerstands in den Herzen der Menschen niemals erlöschen wird, solange die Sehnsucht nach einer gerechteren Welt besteht.

Die Schlacht zwischen Mensch und Gott war entbrannt und sie sollte die Welt für immer verändern. In den kommenden Kapiteln werden wir Zeugen des epischen Konflikts zwischen der himmlischen Macht und dem menschlichen Mut sein, der die Geschichte für immer prägen sollte.

DER PREIS DES AUFSTANDS

Der Aufstand der Menschen gegen die Götter war nicht ohne Opfer. Die Sterblichen hatten ihren Mut gefunden und kämpften unerschütterlich für ihre Freiheit und Gerechtigkeit. Doch dieser Kampf forderte einen hohen Preis, der in Form von Blut und Tränen bezahlt wurde.

In den Schlachten, die zwischen den Menschen und den Göttern tobten, fielen zahlreiche Menschen. Ihre Städte lagen in Trümmern und ihre Familien wurden durch die Grausamkeiten des Krieges zerrissen. Die Götter, die einst als unbesiegbar galten, setzten ihre mächtigsten Waffen ein, um den Aufstand niederzuschlagen.

Doch die Menschen waren entschlossen und kämpften mit einer Entschlossenheit, die die Götter in Erstaunen versetzte. Sie waren bereit, alles zu opfern, um die Tyrannei der Götter zu beenden. Sie erkannten, dass die Freiheit einen hohen Preis haben konnte und doch war dieser Preis nichts im Vergleich zu der Freiheit, die sie anstrebten.

Die Kämpfe dauerten Jahre und die Welt war gezeichnet von Zerstörung und Verlust. Doch die Menschen hielten stand und gaben nicht auf, obwohl die Dunkelheit des Schicksals auf sie niederzusinken schien. Sie wussten, dass sie die Ketten der Unterdrückung nicht mehr akzeptieren und sie kämpften für eine

Welt, in der sie selbst über ihr eigenes Schicksal entscheiden konnten.

Währenddessen setzten die Götter alles daran, den Aufstand niederzuschlagen. Sie waren entrüstet über die Arroganz der Sterblichen, die es wagten, sich gegen ihre göttliche Macht zu erheben. Doch sie mussten erkennen, dass die Menschen nicht länger bereit waren, in Furcht vor ihnen zu leben. Der Aufstand hatte die göttliche Ordnung ins Wanken gebracht und die Götter waren gezwungen, auf die aufkommende Rebellion zu reagieren.

Die Geschichte des Aufstands gegen die Götter erinnert uns daran, dass der Weg zur Freiheit oft mit Opfern gepflastert ist. Die Menschen hatten ihren Mut gefunden und waren entschlossen, für ihre Freiheit zu kämpfen, wenngleich es bedeutete, große Opfer zu bringen. Die Schlachten waren gewaltig und die Welt war von Leid und Zerstörung gezeichnet.

Doch der Preis des Aufstands sollte am Ende nicht umsonst sein. Die Sterblichen hatten ihren Widerstand gegen die göttliche Tyrannei nicht aufgegeben und sie waren entschlossen, bis zum Ende zu kämpfen. In den kommenden Kapiteln werden wir sehen, wie der Konflikt zwischen Mensch und Gott seinen Höhepunkt erreicht und welche Konsequenzen er für die Welt haben wird.

DIE ERLöSUNG DER MENSCHHEIT

Die Schlachten zwischen den Menschen und den Göttern hatten Jahre gedauert und die Welt war von Leid und Zerstörung gezeichnet. Die Sterblichen hatten einen hohen Preis für ihren Mut gezahlt, doch sie hielten unerschütterlich an ihrem Streben nach Freiheit und Gerechtigkeit fest. Die Götter, einst als unbesiegbar betrachtet, hatten erkannt, dass ihre Macht begrenzt war und die göttliche Ordnung wankte.

Der Funke des Widerstands, den Prometheus entfacht hatte, brannte weiterhin in den Herzen der Menschen. Sie hatten ihren Mut und ihre Entschlossenheit nicht verloren, selbst angesichts der schrecklichen Opfer, die sie gebracht hatten. Die Sterblichen erkannten, dass sie die Macht hatten, ihre eigenen Geschicke zu lenken und sie würden diese Macht nicht mehr aufgeben.

Die Götter, die einst unantastbar schienen, mussten sich der Realität stellen. Die Menschen hatten ihre Stimmen erhoben und waren bereit, für ihre Freiheit und Gerechtigkeit zu kämpfen. Die göttliche Tyrannei war ins Wanken geraten und die Götter waren gezwungen, auf die aufkommende Rebellion zu reagieren.

Der Konflikt zwischen Mensch und Gott erreichte seinen Höhepunkt, als die Sterblichen schließlich ihre Freiheit zurückeroberten. Die Menschen hatten die Macht der Götter infrage gestellt und die Ketten der Unterdrückung gesprengt.

Die Götter, die einst als unantastbar galten, wurden besiegt und verbannt. Die Sterblichen hatten ihren Aufstand gegen die Götter gewonnen und ihre Freiheit zurückerobert. Die Welt, die einst von Dunkelheit und Furcht beherrscht wurde, wurde von einem neuen Zeitalter des Lichts und der Freiheit erhellt.

Die Geschichte des Aufstands gegen die Götter erinnert uns daran, dass selbst die mächtigsten Herrscher nicht unantastbar sind. Sie erinnert uns daran, dass die Menschheit immer nach Freiheit und Gerechtigkeit strebt und bereit ist, für diese Werte zu kämpfen. Und sie erinnert uns daran, dass der Funke des Widerstands in den Herzen der Menschen niemals erlöschen wird, solange die Sehnsucht nach einer gerechteren Welt besteht.

DER FLUG DES IKARUS
- AUS DEN METAMORPHOSEN -

In der Welt der antiken Mythen und Legenden gibt es eine Geschichte, die uns Menschen seit Jahrhunderten fasziniert. Es ist die Geschichte von Ikarus, einem jungen Mann, der nach den Sternen griff und dabei zu nah an die Sonne flog. Diese Geschichte ist voller Tragik, Abenteuer und einer lebenswichtigen Botschaft, die uns bis heute begleitet.

DIE GEFANGENSCHAFT AUF KRETA

Es war eine düstere Zeit auf der mächtigen Insel Kreta, beherrscht von dem grausamen König Minos. Die Bewohner der Insel zitterten vor seiner Macht und seinem unstillbaren Hunger nach Dominanz. Doch inmitten dieses tyrannischen Regimes lebte ein Mann, dessen geniale Fähigkeiten eine schimmernde Hoffnung auf Freiheit darstellten.

Daedalus, so hieß dieser begabte Erfinder und Handwerker, war ein wahrer Meister seines Fachs. Seine Künste waren legendär und sein Ruf als genialer Konstrukteur hatte sich über die Grenzen von Kreta hinaus verbreitet. Doch trotz all seiner Fertigkeiten fand er sich gefangen in einem grauenhaften Labyrinth, das er selbst entworfen hatte.

Das Labyrinth war kein gewöhnliches Bauwerk; es war ein unüberschaubares Geflecht aus Gängen und Sackgassen, in dem der Schrecken lauerte. König Minos nutzte das Labyrinth, um unliebsame Feinde und Eindringlinge gefangenzuhalten und er vertraute nur Daedalus, um die Geheimnisse und Fallen dieses unheimlichen Ortes zu kennen.

Doch Daedalus sehnte sich nach Freiheit für sich und vor allem für seinen jungen Sohn Ikarus. Das Labyrinth war ein Gefängnis, das keine Hoffnung auf Entkommen bot und die Jahre der Gefangenschaft hatten an Daedalus genagt. Er fühlte sich gefangen und erkannte, dass er einen Ausweg finden musste, um seine und seines Sohnes Freiheit zu sichern.

In den dunklen und feuchten Ecken des Labyrinths begann Daedalus zu tüfteln. Er sammelte Federn von Vögeln und schmolz Wachs, um eine Idee zu verwirklichen, die die Welt noch nie gesehen hatte. Seine Vision war es, Flügel zu erschaffen, die es ihm und Ikarus ermöglichen würden, die Fesseln der Erde zu durchbrechen und in die Lüfte aufzusteigen.

Die Erschaffung dieser Flügel sollte der Beginn eines Abenteuers werden, das die Grenzen der menschlichen Vorstellungskraft sprengen würde. Doch bevor diese Flügel zum Leben erwachen konnten, warteten noch unzählige Herausforderungen und Gefahren auf Daedalus und Ikarus. Die Geschichte von ihrer Flucht sollte sich zu einer Legende entwickeln, die die Menschheit für immer in ihren Bann ziehen würde.

DIE GEBURT DER FLüGEL

In den verborgenen Ecken des finsteren Labyrinths auf Kreta schmiedete Daedalus mit eisernem Willen und grenzenloser Entschlossenheit an seinem gewagten Plan. Die Idee, die er hegte, war so ungewöhnlich wie genial: Flügel, die Menschen in die Lüfte erheben würden.

Daedalus durchkämmte das Labyrinth auf der Suche nach den besten Materialien. Er sammelte Federn von Vögeln in allen Farben und Größen, von kräftigen Adlerfedern bis zu den feinen Daunen eines Singvogels. Diese Federn sollten das Herzstück seiner Flügel werden, ihre Festigkeit und Leichtigkeit das Fundament seiner Vision.

Doch es reichte nicht aus, nur Federn zu sammeln. Daedalus benötigte auch ein Bindemittel, das die Federn zusammenhielt und gleichzeitig flexibel genug war, um die Bewegungen der Flügel zu ermöglichen. Hier kam das Wachs ins Spiel. In einem kleinen, versteckten Raum im Labyrinth schmolz Daedalus das Wachs und mischte es mit Sorgfalt, bis er die perfekte Konsistenz erreicht hatte.

Nun begann er mit der Arbeit an den Flügeln. Er legte die Federn sorgfältig in Reihen aus und befestigte sie mit dem geschmolzenen Wachs. Jede Feder wurde mit größter Präzision platziert und die Flügel nahmen Form an. Daedalus wusste, dass die Flügel nicht nur schön, sondern auch funktional sein mussten, um ihren Zweck zu erfüllen.

Die Arbeit zog sich über Tage und Nächte hin und Daedalus verlor sich völlig in seiner Schöpfung. Er vergaß Hunger, Durst und Erschöpfung. Jeder Pinselstrich mit Wachs, jeder Handgriff beim Anbringen der Federn war ein Akt der Liebe und Hingabe an das, was er und sein Sohn erreichen konnten.

Schließlich, als die ersten Sonnenstrahlen des Morgens durch die engen Gänge des Labyrinths brachen, waren die Flügel vollendet. Daedalus betrachtete sein Werk mit Stolz und Bewunderung. Diese Flügel waren mehr als nur ein technisches Meisterwerk; sie waren ein Symbol der Freiheit, das er für sich und Ikarus geschaffen hatte.

Doch das Abenteuer war noch lange nicht vorbei. Die Flügel waren bereit, aber der gefährliche Flug in die Freiheit lag noch vor ihnen. Daedalus wusste, dass die Herausforderungen und Gefahren, die sie erwarteten, immens waren. Aber er war entschlossen, für die Freiheit zu kämpfen, koste es, was es wolle. Und so begann die aufregende Reise, die Ikarus und Daedalus ins Ungewisse führen würde, auf der Suche nach einem Leben jenseits der Fesseln von Kreta.

DER FLUCHTVERSUCH

Die Sonne über Kreta brach in einem goldenen Feuerwerk des Morgens hervor, als Daedalus und sein Sohn Ikarus die Flügel betrachteten, die in der Dunkelheit des Labyrinths entstanden waren. Die Federn glänzten im sanften Licht und das Wachs war fest und bereit für den Flug in die Freiheit.

Daedalus, der erfahrene Handwerker und Vater, schritt voran und nahm einen der Flügel in die Hand. Er fühlte das Gewicht und die Balance, als er ihn an seinen Rücken befestigte. Dann reichte er den zweiten Flügel an seinen jungen Sohn, Ikarus, der vor Aufregung kaum stillstehen konnte.

"Ikarus", sagte Daedalus mit ernster Miene, "erinnere dich immer an meine Worte. Fliege nicht zu nah an die Sonne, denn das Wachs wird schmelzen und deine Flügel werden zerbrechen. Bleibe in sicherer Höhe und folge mir."

Ikarus, der den unermüdlichen Drang nach Freiheit spürte, nickte gehorsam. Seine Augen funkelten vor Vorfreude und Abenteuerlust. Mit den Flügeln auf dem Rücken und den letzten Worten seines Vaters im Ohr folgte er Daedalus zum Eingang des Labyrinths.

Die Enge des Labyrinths wich einem grenzenlosen Himmel, als sie endlich das Tageslicht erreichten. Ein leichter Wind trug den Duft des Meeres und das Rauschen der Wellen zu ihnen. Daedalus hob ab und begann langsam, seine Flügel zu schlagen. Seine Bewegungen waren kraftvoll und doch anmutig, als er höher und höher in die Lüfte aufstieg.

Ikarus beobachtete seinen Vater und ahmte seine Bewegungen nach. Er fühlte das Auf und Ab der Luft unter seinen Flügeln und spürte die Freiheit, die sich vor ihm erstreckte. Die Welt unter ihnen wurde kleiner und die Insel Kreta schien wie ein ferner Fleck in der Ferne.

Die Zeit verstrich und die beiden flogen gemeinsam über das tiefblaue Ägäische Meer. Ikarus konnte sein Glück kaum fassen. Es war, als ob er die Grenzen der Welt überwunden hätte. Die Wolken umgaben sie wie weiche Kissen und die Sonne glühte warm auf ihrer Haut.

Doch während der Aufregung des Fluges vergaß Ikarus die Worte seines Vaters. Der Himmel schien so verlockend und die Sonne so strahlend, dass er sich entschied, höher zu fliegen. Er fühlte sich mutiger denn je und glaubte, den Himmel erobern zu können.

Daedalus, der den Aufstieg seines Sohnes bemerkte, rief ihm verzweifelt zu: "Ikarus, komm zurück! Du fliegst zu nah an die

Sonne!" Doch Ikarus war zu sehr vom Rausch des Fliegens erfasst, um zu hören oder zu gehorchen.

Und so stieg er höher und höher, immer näher an die glühende Sonne heran, bis er das Unvermeidliche nicht mehr aufhalten konnte. Die Hitze der Sonne begann das Wachs an seinen Flügeln zu schmelzen und Ikarus konnte nur zusehen, wie sein Flug in einer Katastrophe endete.

DER RAUSCH DER FREIHEIT

Als Ikarus immer höher in den Himmel aufstieg, konnte er den Rausch der Freiheit in jeder Faser seines Körpers spüren. Die Welt unter ihm schien winzig zu werden, die Probleme und Sorgen auf Kreta waren vergessen und er hatte das Gefühl, die Grenzen der menschlichen Existenz zu überschreiten.

Die Wolken umgaben ihn wie flauschige Kissen und die Sonne schien so hell und strahlend, als ob sie nur für ihn allein leuchte. Der Wind rauschte in seinen Ohren und sein Herz pochte vor Aufregung. Ikarus fühlte sich lebendiger als je zuvor.

Von oben betrachtete er die Insel Kreta, die sich unter ihm ausbreitete wie ein Mosaik aus grünen Hügeln und azurblauen Gewässern. Die Menschen und Gebäude wirkten winzig und unbedeutend. Ikarus hatte das Gefühl, dass er der König des Himmels war und er konnte nicht genug davon bekommen.

Doch je höher er stieg, desto heißer wurde es um ihn herum. Die Sonne brannte heiß auf seine Haut und das Wachs an seinen Flügeln begann zu schmelzen. Erst bemerkte er nur, dass seine Flügel schwerer wurden, aber dann spürte er, wie das Wachs weicher wurde und nachgab.

Ikarus realisierte zu spät, dass er Daedalus Warnungen in den Wind geschlagen hatte. Das Wachs schmolz rasch und seine Flügel verloren an Stabilität. Panik ergriff ihn, als er spürte, wie seine Flügel brüchig und instabil wurden. Er versuchte verzweifelt, dem schmelzenden Wachs entgegenzuwirken, aber es war bereits zu spät.

Mit einem schmerzlichen Knirschen brachen seine Flügel und Ikarus stürzte vom Himmel in die tiefen Fluten des Ägäischen Meeres. Das Meer, das zuvor so friedlich ausgesehen hatte, verwandelte sich in einen tödlichen Abgrund, der ihn verschluckte.

Sein Vater Daedalus, der ihm gefolgt war und die ganze Zeit gebangt hatte, konnte nur hilflos zusehen, wie sein geliebter Sohn ins Wasser stürzte. Er schrie den Namen seines Sohnes, doch es war zu spät. Ikarus war verloren. Der Himmel, der eben noch so grenzenlos und verlockend erschienen war, hatte sich in eine tödliche Falle verwandelt.

DAS ERBE VON IKARUS

Die Geschichte von Ikarus wurde in den Winden der Zeit weitergetragen, von Generation zu Generation und sie wurde zu einer Legende, die die Herzen und Gedanken der Menschen berührte. Sie wurde nicht nur als eine tragische Geschichte des Übermuts erzählt, sondern auch als ein Symbol für den menschlichen Drang nach Freiheit und Abenteuer.

Die Lehre aus Ikarus Schicksal war klar: Die Flucht aus den Fesseln der Realität, das Streben nach Höherem und die Sehnsucht nach Freiheit sind tief in der menschlichen Natur verwurzelt. Doch die Geschichte von Ikarus erinnerte daran, dass es in dieser Sehnsucht auch Gefahren gibt. Wenn man zu gierig nach den Sternen greift und die Warnungen der Erfahrung ignoriert, kann man leicht auf einen gefährlichen Pfad geraten.

Die Legende von Ikarus ermutigte die Menschen, ihre Träume zu verfolgen, aber sie mahnte sie auch zur Bescheidenheit und zur Achtsamkeit. Sie warnte davor, die eigenen Grenzen zu überschreiten und den Blick für die Realität zu verlieren.

Doch Ikarus Erbe war nicht nur eine Warnung. Sein Erbe ist eine Inspiration. Die Geschichte von seinem verzweifelten Flug in die Freiheit erinnerte die Menschen daran, dass sie fähig sind, über sich selbst hinauszuwachsen und die Grenzen ihres Daseins zu erweitern. Sie ermutigte sie, mutig zu sein und ihre eigenen Flügel zu schaffen, um die Welt auf ihre eigene Weise zu erkunden.

So wurde Ikarus zu einem Symbol für den menschlichen Geist, der sich nicht damit begnügt, am Boden zu bleiben, sondern danach strebt, die Höhen des Möglichen zu erreichen. Seine Geschichte lehrte, dass selbst in den dunkelsten Stunden des Scheiterns ein Funken von Hoffnung und Erneuerung lebt.

Die Legende von Ikarus bleibt ein zeitloses Vermächtnis, das uns daran erinnert, dass unser Streben nach Freiheit und Abenteuer ein wesentlicher Teil unserer Menschlichkeit ist. Und während wir uns an Ikarus tragisches Ende erinnern, erinnern wir uns auch an seinen mutigen Versuch, die Grenzen des Himmels zu erobern und die Sterne zu berühren.

DER MYTHOS VON SISYPHOS
- AUS FRÜHEN MENSCHHEITSSAGEN -

Es war eine Zeit, in der die Stadt Korinth einen König namens Sisyphos regierte, der mit seiner außergewöhnlichen Schlauheit und seinem gewitzten Charakter unübertroffen war. Von den Gassen bis zum Palast hallte sein Name wider und die Geschichten über seine List und sein Geschick waren in ganz Griechenland bekannt.

DER GEWITZTE KöNIG VON KORINTH

Sisyphos war kein König der herkömmlichen Sorte. Er war nicht durch königliches Blut oder eine göttliche Abstammung in den Palast gelangt, sondern durch seine Tatkraft und seinen klugen Verstand. Sein Blick war scharf wie ein Falke und seine Gedanken waren raffiniert wie die verschlungenen Wege eines Labyrinths.

Schon in seiner Jugend hatte Sisyphos die Kunst des Betrugs gemeistert. Er konnte die Worte eines Mannes so umdrehen, dass sie klangen wie das Lied der Sirenen, das sogar die stärksten Männer in seinen Bann zog. Seine Gerissenheit kannte keine Grenzen und sein Wagemut war berüchtigt. Niemand konnte ihn überlisten und niemand wagte es, sich seinen Späßen zu widersetzen.

Die Menschen bewunderten und fürchteten gleichermaßen diesen gewitzten König. Doch sein unstillbarer Durst nach Herausforderungen trieb ihn dazu, die Grenzen der Vernunft zu überschreiten. Er wagte es, den mächtigsten und furchteinflößendsten Gott selbst zu hintergehen – Hades, den Herrscher der Unterwelt und des Todes.

Sisyphos hatte einen Plan ausgeheckt, der nicht nur gefährlich, sondern geradezu unvorstellbar war. Ein Plan, der das Schicksal selbst herausforderte. Seine List sollte ihn in die Annalen der Geschichte eingravieren, doch sie sollte auch eine furchtbare Strafe mit sich bringen, die er niemals hatte vorhersehen können.

DAS GEWAGTE UNTERNEHMEN

In den finsteren Hallen der Unterwelt, in der tiefsten Dunkelheit, lauerte Hades, der Herrscher über die Seelen der Verstorbenen und der Schrecken der Sterblichen. Seine Macht und sein Einfluss erstreckten sich über die gesamte Welt der Toten und seine Präsenz war eine schaurige Warnung vor dem unausweichlichen Ende, das jedem Sterblichen bevorstand.

Doch Sisyphos, dieser gewitzte König von Korinth, wagte es, sich durch die Schatten der Unterwelt zu schleichen und er hegte einen kühnen Plan. Mit jedem Schritt, den er in die tiefen Abgründe unternahm, schien sein Herz lauter zu schlagen, als wollte es das Geheimnis der Unsterblichkeit ergründen.

In der Dunkelheit fand Sisyphos schließlich das Gefängnis des Herrschers der Toten. Dort, in Ketten gelegt, schlief Hades – ein gefangener Gott, dessen Macht in dieser Momentaufnahme des Schlafs gebrochen schien. Sisyphos schlaue Finger arbeiteten geschickt und er befreite den gefesselten Gott.

Hades erwachte in einem Moment des Entsetzens und der Wut. Er, der Herr der Unterwelt, war von einem sterblichen König gefangen genommen worden! Doch Sisyphos, fest entschlossen und mit einem Grinsen, das in der Dunkelheit schimmerte, verriet seinen Plan: Er wollte die Kontrolle über den Tod selbst übernehmen, die Sterblichen von ihrer Angst befreien und somit die Balance der Welt ins Wanken bringen.

Hades, in seinen eigenen Gefängnissen gefangen, konnte nichts gegen Sisyphos Willen unternehmen. Die Macht des Todes war gelähmt und die Sterblichen auf der Erde ahnten nicht, welches Unglück auf sie zukommen würde.

Sisyphos kehrte siegreich aus der Unterwelt zurück und die Welt der Sterblichen war von einer unerwarteten und schier unvorstellbaren Hoffnung erfüllt. Doch was er nicht ahnte, war, dass sein gewagtes Unternehmen nicht unbemerkt bleiben würde und die Götter des Olymp ihre schreckliche Rache fordern würden. Das, was er für einen Triumph hielt, sollte sich als der Beginn einer grausamen Verurteilung herausstellen.

DAS GLEICHGEWICHT DES UNIVERSUMS WANKT

Als Sisyphos mit der entführten Macht des Todes in die Welt der Lebenden zurückkehrte, breitete sich eine beispiellose Euphorie unter den Sterblichen aus. Die Menschen lebten in der Vorstellung, dass sie der unerbittlichen Hand des Todes entkommen könnten. Krankheit und Alter schienen ihnen keine Angst mehr einzujagen, denn der Tod selbst lag in Ketten.

Doch in der Dunkelheit der Unterwelt, in der die Seelen der Verstorbenen nicht mehr ihren rechtmäßigen Platz fanden, begann das Gleichgewicht des Universums zu wanken. Das Chaos breitete sich aus und die Götter des Olymp beobachteten mit zunehmender Sorge, wie die Welt, die sie erschaffen hatten, in die Unordnung und das Ungleichgewicht stürzte.

Die Sterblichen, befreit von der Furcht vor dem Tod, begannen ein Leben der Maßlosigkeit und des Übermuts. Sie verschoben ihre Prioritäten, widmeten sich ausschweifenden Vergnügungen und suchten nach einer Unsterblichkeit, die ihrer Natur entgegenstand.

In ihrer Verzweiflung wandten sich die Götter an Zeus, den mächtigen Herrscher des Olymp. Gemeinsam beschlossen sie, Sisyphos Frevel zu rächen und das Gleichgewicht der Welt wiederherzustellen. Der Tod, der in Ketten lag, konnte nicht mehr die Seelen der Verstorbenen in die Unterwelt führen und die Götter erkannten, dass dies nicht so weitergehen durfte.

Die Götter entsandten Boten zur Erde, um Sisyphos Frevel rückgängig zu machen und die Macht des Todes zurückzuführen. Doch Sisyphos, in seiner gerissenen Natur, hatte die Entführung des Todes in einem wohlbewachten Geheimnis gehalten und die Götter fanden keine Spur von ihm.

Die Sterblichen, die einst von Sisyphos Plan begeistert waren, begannen zu verstehen, dass die Abwesenheit des Todes auch ihre eigene Existenz entwertete. Ohne den Tod gab es keine Wiedergeburt und keine Erlösung und die Welt war gefangen in einem Zustand der ewigen Qual.

Die Götter des Olymp erkannten, dass sie die Macht des Todes wiederherstellen mussten, obwohl dies bedeutete, die Freiheit und das Leben, das Sisyphos den Sterblichen gebracht hatte, zu opfern. Und so begannen sie, die Räder des Schicksals erneut in Gang zu setzen und das Gleichgewicht des Universums wiederherzustellen.

EMPöRUNG IM OLYMP

Die Lage auf der Erde verschlimmerte sich mit jedem Tag, an dem der Tod in Ketten lag. Die Sterblichen, einst befreit von der Angst vor ihrem unausweichlichen Ende, waren nun in einen Zustand der Verzweiflung und des Chaos versunken. Krankheit und Alter wüteten ungehindert und die Seelen der Verstorbenen irrten auf der Erde umher, ohne Erlösung zu finden.

Die Götter des Olymp konnten dieses Szenario nicht länger dulden. Die Sterblichen hatten in ihrer Hoffnungslosigkeit begonnen, die Götter zu verfluchen und die Welt der Lebenden war von einer beispiellosen Dunkelheit überzogen. Die Götter sahen keine andere Wahl, als die ursprüngliche Ordnung der Welt wiederherzustellen.

In einer Versammlung auf dem majestätischen Gipfel des Olymp entschieden sie, dass Sisyphos für seine gewagte Tat bestraft werden musste. Seine Frevel gegenüber Hades und die Entführung der Macht des Todes hatten das Gleichgewicht des Universums erschüttert und die Ordnung gestört.

Die Götter sprachen mit einer Stimme, die donnernd über den Himmel hallte und forderten, dass Sisyphos vor sie gebracht werde, um für seine Vergehen Rechenschaft abzulegen. Ihr Urteil war einstimmig und unbarmherzig: Sisyphos sollte für alle

Ewigkeit eine Strafe erleiden, die so qualvoll und aussichtslos war wie keine andere.

Hades, der Gott des Todes, wurde befreit und die Macht des Todes kehrte in die Welt zurück. Die Seelen der Verstorbenen fanden endlich ihren Weg in die Unterwelt und die Sterblichen, die einst von Sisyphos Plan begeistert waren, erkannten die Wichtigkeit des Todes und der Wiedergeburt.

Sisyphos wurde vor die Götter des Olymp geführt, sein Gesicht von der Mühe der vergangenen Tage gezeichnet. Die Götter, in ihrer göttlichen Macht und Erhabenheit, verurteilten ihn zu einer Strafe, die seine Klugheit und seine List übertraf: Er sollte dazu verdammt sein, einen gewaltigen Felsbrocken einen steilen Berg hinaufzurollen, nur um zusehen zu müssen, wie er unaufhaltsam wieder hinabstürzte.

Die Verurteilung von Sisyphos war nicht nur eine Strafe für seine Frevel, sondern auch eine Warnung an die Sterblichen, dass sie nicht das Gleichgewicht der Welt herausfordern durften. Sisyphos Schicksal war besiegelt und er sollte für alle Zeiten als Symbol für die Folgen der Hybris und die Rache der Götter dienen.

DIE GRAUSAME VERURTEILUNG

In dem Moment, als das Urteil der olympischen Götter verkündet wurde, begann die Welt um Sisyphos zusammenzubrechen. Die Bürde, die auf seinen Schultern lastete, war nicht nur physisch, sondern auch emotional und geistig erdrückend. Die Götter hatten eine Strafe gewählt, die so qualvoll und sinnlos war, dass sie die Grenzen der Vorstellungskraft zu sprengen schien.

Sisyphos, einst so stolz auf seine gerissene Natur, war nun dazu verdammt, einen gewaltigen Felsbrocken einen steilen Berg hinaufzurollen, nur um mitanzusehen, wie er unaufhaltsam wieder den Abhang hinabstürzte. Diese scheinbar endlose Aufgabe, die keinerlei Fortschritt oder Erfolg versprach, war dazu bestimmt, seine Entschlossenheit zu brechen und seine Seele zu quälen.

Der Berg, den Sisyphos hinaufrollen musste, war steil und unbarmherzig und der Felsbrocken, den er mühsam vorwärtstrieb, schien von einem eigenwilligen Geist beseelt zu sein. Jedes Mal, wenn er dachte, er hätte das Ziel fast erreicht, rutschte der Stein aus seinen Händen und rollte unerbittlich den Abgrund hinab. Es war eine endlose Wiederholung von Anstrengung und Frustration.

Doch Sisyphos gab nicht auf. Sein Wille war ungebrochen und seine Entschlossenheit blieb stark. Mit jedem Scheitern stand er wieder auf, sammelte all seine Kraft und begann von Neuem. Sein Gesicht mochte von Schweiß und Anstrengung überzogen sein, aber seine Augen strahlten einen unbezähmbaren Geist aus.

Die Götter, die von ihrem Olymp aus zuschauten, sahen, dass Sisyphos nicht gebrochen werden konnte. Sie erkannten, dass seine Entschlossenheit, sich dem sinnlosen Schicksal zu widersetzen, größer war als jede Strafe, die sie verhängen konnten. Seine Geschichte sollte als Mahnung dienen, dass der Mensch in der Lage war, sich selbst in den schwersten Prüfungen zu behaupten und niemals die Hoffnung zu verlieren.

DIE BOTSCHAFT VON SISYPHOS

Die unermüdliche Wiederholung von Sisyphos Aufgabe, sein unerschütterlicher Wille und sein unbeugsamer Geist hinterließen eine tiefe Spur in der Welt. Seine Geschichte wurde zu einem lebendigen Symbol für die menschliche Ausdauer und den unerschütterlichen Willen, selbst in den aussichtslosen Situationen.

Menschen aus allen Ecken der Erde hörten von Sisyphos und fanden in seiner Geschichte Inspiration. Sie erkannten, dass es in der scheinbar sinnlosen Wiederholung und Anstrengung eine Art von Sinn gab, eine Bestimmung, die über den Gipfel des Berges hinausging. Sisyphos hatte gezeigt, dass der Akt des Widerstands selbst von unschätzbarem Wert war.

Seine Geschichte erinnerte uns daran, dass das Leben oft eine mühsame Reise ist, voller Hindernisse und Rückschläge. Doch selbst in den schwersten Momenten können wir unseren Willen bewahren, uns dem Schicksal stellen und niemals die Hoffnung verlieren. Sisyphos hatte uns gelehrt, dass der Mensch die Macht hat, selbst die härtesten Prüfungen des Lebens zu überwinden.

Die Botschaft von Sisyphos war eine Mahnung, dass wir nicht aufgeben sollten, auch wenn der Weg vor uns steil und mühsam ist. Sein unbeugsamer Wille erinnerte uns daran, dass die wahre Bestimmung des Menschen darin besteht, sich dem Schicksal zu stellen und sich gegen die scheinbar unüberwindlichen Kräfte des Universums zu behaupten.

Sisyphos war nicht nur ein verurteilter König, sondern auch ein lebendiges Symbol für die unerschütterliche Kraft des menschlichen Geistes. Seine Geschichte war ein Vermächtnis, das uns daran erinnerte, dass die wahre Stärke des Menschen nicht in der Belohnung lag, sondern in der Fähigkeit, den Berg immer wieder hinaufzusteigen, den Felsbrocken immer wieder zu rollen und niemals aufzugeben.

So wurde Sisyphos zu einem Symbol für die menschliche Ausdauer und den unerschütterlichen Willen. Seine unermüdliche Anstrengung, den Fels immer wieder hinaufzurollen, war ein Zeichen dafür, dass der Mensch in der Lage war, selbst die härtesten Prüfungen des Lebens zu überwinden und sich dem Schicksal zu stellen. Sisyphos Geschichte erinnert uns daran, dass in der scheinbar sinnlosen Wiederholung und Anstrengung die wahre Bestimmung des Menschen liegt: niemals aufzugeben, obwohl die Herausforderungen schier unüberwindlich erscheinen.

DER RAUB DER PERSEPHONE
- AUS DEN OLYMPISCHEN GÖTTERSAGEN -

In den alten Tagen, als die Welt noch von Göttern regiert wurde und die Menschheit zu ihren Füßen lag, erblühte auf der Erde eine wundervolle Blume namens Persephone. Sie war die Tochter der majestätischen Demeter, der Göttin der Fruchtbarkeit und des Getreides.

DIE ANMUT DER PERSEPHONE

Ihr Anblick glich dem Morgentau auf den Blütenblättern und ihre Schönheit übertraf alles, was je ein Sterblicher oder ein Unsterblicher gesehen hatte.

Persephone wandelte mit einer Anmut, die die Blumen neidisch machte, über die blühenden Wiesen und Felder. Ihre Augen waren so tief und strahlend wie der Sternenhimmel und ihr Lächeln konnte selbst den härtesten Herzen Wärme schenken. Die Menschen priesen sie als die Göttin der Frühlinge, denn überall, wo sie ging, erblühten die Blumen in voller Pracht und die Felder trugen reiche Ernten.

Ihre Haare waren so golden wie das Licht der Sonne und ihre Haut war so weiß wie der frisch gefallene Schnee. Die Sterblichen verehrten sie und die Götter bewunderten ihre Schönheit. Persephone war das lebendige Symbol der Fruchtbarkeit und des ewigen Lebens und sie war der ganze Stolz ihrer Mutter, der mächtigen Demeter.

In dieser Zeit des Überflusses und der Blüte schien die Welt im Einklang zu sein und die Menschen lebten glücklich und in Frieden, denn sie wussten, dass die Fruchtbarkeitsgöttin Demeter über sie wachte und ihre Ernten segnete. Doch das Schicksal hielt eine düstere Wende bereit, die das Leben von Persephone für immer verändern sollte.

DER RAUB

In einer Welt, in der die Götter auf dem Olymp thronten und die Sterblichen in Ehrfurcht zu ihren Füßen knieten, begann eine Tragödie von ungeahntem Ausmaß. Es war der Tag, an dem die Schönheit der jungen Persephone sie in ein düsteres Schicksal führte, das die Götterwelt erschüttern sollte.

Hades, der düstere Herrscher der Unterwelt, erhob sich aus den finsteren Tiefen des Tartarus. Sein Herz war so kalt wie der eisige Wind des Nordens und seine Augen glühten wie die Kohlen eines lodernden Feuers. An diesem Tag wagte er den Aufstieg zur Erdoberfläche, getrieben von einer düsteren Leidenschaft.

Dort, auf den blühenden Wiesen, stand Persephone in ihrer ganzen Pracht. Ihr Lächeln war strahlender als die Sonne und ihr Gang glich einem Tanz. Doch diese Schönheit, die Götter und Menschen gleichermaßen verzauberte, zog auch das Auge des düsteren Hades auf sich. In einem Augenblick der Hingabe schnappte er sich das ahnungslose Mädchen und zog sie hinab in die schattenhafte Welt der Unterwelt.

Demeter, die Mutter von Persephone und die Göttin der Fruchtbarkeit, war außer sich vor Kummer. Ihre Trauer entfachte einen schrecklichen Zorn, der die Welt verwandelte. Wo einst die Felder grün und die Blumen in voller Blüte gestanden hatten, verwandelte sich das Land in eine kahle Wüste. Die Menschen litten Hunger und Durst und ihre Seufzer erfüllten die Luft.

Die Entführung von Persephone, der strahlenden Blume der Götterwelt, führte zu einem Drama, das die Götter und Sterblichen gleichermaßen in Angst und Schrecken versetzte. In der Dunkelheit der Unterwelt begann das Mädchen zu begreifen, dass ihr Leben für immer verändert war und die Liebe zwischen Göttern und Sterblichen oft von düsteren Schatten überschattet wird.

DEMETERS KUMMER

Als Hades die bezaubernde Persephone entführt hatte und mit ihr in die Unterwelt verschwunden war, brach über die Welt eine Zeit der Dunkelheit und Verzweiflung herein. Doch keine Seele litt mehr als die von Demeter, der mächtigen Göttin der Fruchtbarkeit.

Demeter, die Mutter von Persephone, war außer sich vor Kummer. Ihr Herz, das einst so stolz und mächtig geschlagen hatte, wurde von einem Schmerz erfüllt, der sie auf die Knie zwang. Der Verlust ihrer geliebten Tochter, die strahlende Blume der Götterwelt, war ein Schlag, den selbst eine Göttin kaum ertragen konnte.

Ihr Schmerz war so intensiv, dass er die Welt um sie herum veränderte. Die Erde, die einst von üppiger Fruchtbarkeit und saftigen Ernten gekennzeichnet war, verwandelte sich in eine leblose Wüste. Die Blumen welkten, die Felder vertrockneten und die einst so zarten Pflanzen verdorrten unter der erbarmungslosen Sonne. Die Sterblichen litten unter Hunger und Durst und ihr Flehen um Erbarmen drang bis zu den Ohren der Götter.

Demeter zog sich in ihre Trauer zurück und verweigerte der Welt ihre Güte. Die Menschen beteten zu ihr, flehten um Erlösung und riefen nach Hilfe, doch Demeter war taub für ihre Bitten. Ihre Trauer über den Verlust ihrer Tochter war so überwältigend, dass sie die Welt in Dunkelheit und Leid hüllte.

In den Tagen, in denen Persephone in der finsteren Unterwelt gefangen war, wusste Demeter nicht, was mit ihrem Kind geschehen war. Ihr einziger Gedanke war, Persephone zurückzubringen und die Welt aus ihrer Trauer zu befreien. Ihr Kummer war der Kummer einer Mutter, die ihr Kind vermisst und er ließ die Welt um sie herum verwelken, während sie auf die Rückkehr ihrer geliebten Tochter hoffte.

DIE VERZWEIFELTE SUCHE

Inmitten der Dunkelheit und Verzweiflung, die über die Welt hereingebrochen war, begann Demeter eine verzweifelte Suche nach ihrer geliebten Tochter Persephone. Ihr Herz schrie vor Schmerz und ihre Augen waren von Tränen geblendet, als sie die Erde durchstreifte, auf der Suche nach einem Anzeichen, einem Zeichen, das ihr den Weg zu Persephone zeigen würde.

Sie durchkämmte Wälder, durchquerte Flüsse und durchwanderte Täler, während sie den Namen ihrer Tochter rief. Ihre Schreie hallten durch die Wälder und die Berge und die Tiere und Vögel schwiegen vor Ehrfurcht und Mitleid. Doch Persephone schien wie vom Erdboden verschluckt zu sein.

Demeter wandte sich an die Sterblichen und bat sie um Hilfe. Sie trug ein einfaches Gewand und verbarg ihre Göttlichkeit, während sie von Tür zu Tür ging und um Auskunft bat. Die Menschen, die den Kummer in ihren Augen sahen, erzählten ihr von den Geräuschen, die sie gehört und den merkwürdigen Erscheinungen, die sie beobachtet hatten, als Persephone von Hades entführt wurde.

Demeter, die ihre Tochter über alles liebte, folgte jeder Spur, doch sie konnte den Ort, an dem Persephone gefangen gehalten wurde, nicht finden. Ihr Herz war gebrochen und ihre Trauer wurde mit jedem verstrichenen Tag tiefer.

Die Mutterliebe trieb Demeter an, die Welt zu durchstreifen, auf der Suche nach einem Funken Hoffnung. Sie wanderte in der Dunkelheit, auf der verzweifelten Suche nach ihrer Tochter und ihr Kummer erfüllte die Welt mit Trauer. Doch sie wusste, dass sie nicht aufgeben durfte, denn die Liebe einer Mutter war stärker als die Macht der Götter und der finsteren Unterwelt. Und so suchte sie unbeirrt weiter, getrieben von der Hoffnung, ihre geliebte Tochter wiederzufinden.

VERHANDLUNGEN IM OLYMP

Während Demeter die Welt durchstreifte, auf der verzweifelten Suche nach ihrer entführten Tochter Persephone, schaute Zeus, der mächtigste der Götter, auf die wachsende Dunkelheit und das Elend, das über die Erde gekommen war. Der Hunger der Menschen und die verwelkten Felder waren ein Zeichen für die Zerstörung, die der Verlust von Persephone mit sich gebracht hatte. Zeus konnte den Kummer seiner Schwester nicht länger ertragen.

In einer Versammlung der Götter auf dem Olymp, wo die Macht der Götterwelt zusammenkam, entschied Zeus, dass etwas getan werden musste. Er sah den Kummer in den Augen von Demeter, seiner geliebten Schwester und erkannte die Tragödie, die über die Welt hereingebrochen war. Zeus sandte Hermes, den geflügelten Boten der Götter, hinab in die düstere Unterwelt, um mit Hades zu verhandeln.

Hermes war schnell und listig und er konnte die Botschaft seines mächtigen Vaters überbringen. Er traf Hades in der Finsternis seiner Unterwelt und unterbreitete ihm das Angebot von Zeus.

Der Herr der Unterwelt war bereit, Persephone freizulassen, aber nicht ohne eine List. Er gab ihr einen Granatapfel zu essen, eine Frucht der Unterwelt, die mit ihrem süßen, saftigen Kern verführerisch lockte. Doch wer von den Früchten der Unterwelt kostete, war für immer an die düstere Welt unter der Erde gebunden.

Hermes brachte die Bedingungen von Hades zu Zeus zurück, der sie seiner Schwester Demeter übermittelte. Demeter war erleichtert und zugleich entsetzt, als sie hörte, dass ihre Tochter zurückkehren würde, aber unter solchen Bedingungen. Dennoch wusste sie, dass sie keine Wahl hatte. Sie wollte ihre Tochter Persephone um jeden Preis zurückhaben und so stimmte sie dem Handel zu.

Die Verhandlungen auf dem Olymp hatten die Bühne für die Rückkehr von Persephone in die Oberwelt bereitet, aber gleichzeitig die Jahreszeiten geschaffen, die die Welt für immer prägen würden. Das Schicksal von Persephone und die Macht der Götter hatten sich vereint, um das Gleichgewicht in der Welt wiederherzustellen und die Dunkelheit mit einem Funken Hoffnung zu durchbrechen.

DER GRANATAPFEL UND DAS SCHICKSAL

Die Entscheidung, Persephone aus der finsteren Unterwelt zurückzubringen, war gefallen. Doch es gab eine Bedingung, die nicht ignoriert werden konnte: Persephone hatte in der Unterwelt von einem Granatapfel gekostet.

Eine Frucht, die mit der Macht der Unterwelt getränkt war und wer von ihr aß, war für immer an dieses Reich gebunden.

Hades hatte Persephone diese Frucht angeboten, als sie in der Unterwelt gefangen war und sie, hungrig und von Sehnsucht gequält, hatte von ihr gekostet. So war ihr Schicksal besiegelt und sie konnte nicht mehr gänzlich in die Oberwelt zurückkehren. Persephone war verzaubert, sowohl von der Süße der Frucht als auch von der Dunkelheit der Unterwelt und sie musste nun in gewissen Zeiten des Jahres in diese düstere Welt zurückkehren.

Demeter, die Mutter von Persephone, war erleichtert, dass ihre Tochter zurückkehren würde, doch die Bedingung, dass sie einen Teil des Jahres in der Unterwelt verbringen musste, brach ihr das Herz. Sie wusste, dass die Welt ohne ihre Tochter weiterhin unter der Last der Dunkelheit leiden würde und sie konnte nichts dagegen tun.

So wurden die Jahreszeiten geboren. Während Persephone in der Oberwelt bei ihrer Mutter war, blühte die Erde auf und die Pflanzen und Blumen erblühten. Die Welt wurde von Fruchtbarkeit und Leben erfüllt und die Menschen feierten das Erwachen der Natur. Doch wenn Persephone in die Unterwelt zurückkehrte, begann der Winter, die Pflanzen welkten und die Erde wurde zu einer kalten und düsteren Welt. Die Macht des Granatapfels, den Persephone gegessen hatte, hielt sie gefangen und sie konnte der Unterwelt nicht entkommen. Ihre Rückkehr zur Oberwelt und die Trennung von ihrer Mutter waren schmerzhaft, aber notwendig, um das Gleichgewicht der Welt wiederherzustellen.

DIE RüCKKEHR

Die Entscheidung, dass Persephone in die Oberwelt zurückkehren konnte, wenn auch nur für einen Teil des Jahres, brachte Erleichterung und Trauer zugleich. Demeter empfing ihre Tochter mit offenen Armen und ihre Freude war so strahlend wie die ersten Sonnenstrahlen des Frühlings.

Wenn Persephone bei ihrer Mutter war, erblühte die Welt in all ihrer Pracht. Die Felder trugen reiche Ernten, die Blumen blühten in den schönsten Farben und die Bäume trugen saftige Früchte. Das Lachen der Menschen war fröhlich und ihr Herz erfüllt von Glück.

Doch diese Zeiten waren begrenzt. Persephone musste den Granatapfel essen und wenn die Zeit gekommen war, kehrte sie in die finstere Unterwelt zurück. Während sie in der Unterwelt weilte, herrschte der Winter über die Welt, die Blumen welkten und die Erde wurde kalt und unbarmherzig. Die Menschen sehnten sich nach den warmen Tagen des Frühlings und des Sommers und trugen ihre Hoffnung auf die Rückkehr von Persephone tief in ihren Herzen.

Demeter und Persephone teilten kostbare Augenblicke in der Oberwelt, doch der Abschied war immer schmerzlich. Die Liebe zwischen Mutter und Tochter war stark, aber das Schicksal und die Macht der Götter hatten ihre Grenzen gesetzt. Die Jahreszeiten wurden geboren und die Welt erlebte den ständigen Wechsel von Leben und Tod, von Fruchtbarkeit und Verwelken.

Die Geschichte von Persephone und ihrem wechselnden Aufenthalt zwischen den Welten erinnert uns daran, dass die Natur im ständigen Wandel ist und die Dunkelheit immer dem Licht weicht. In ihren Augen spiegelt sich die unzerstörbare

Bindung zwischen Müttern und Töchtern wider, die auch die Macht der Götter überdauert. Und so leben die Jahreszeiten und die Geschichte von Persephone weiter, als eine ewige Erinnerung an die Mysterien des Lebens und der Liebe.

DIE VERSCHWÖRUNG GEGEN ZEUS

- AUS DEN OLYMPISCHEN GÖTTERSAGEN -

Es war eine Zeit, in der der majestätische Olymp in strahlendem Glanz erstrahlte und die Götter in Frieden und Harmonie über die Welt wachten. Doch unter der Oberfläche dieses göttlichen Reiches gärte Unzufriedenheit und die Mächte, die einst in Eintracht regiert hatten, begannen, sich zu spalten.

DIE UNZUFRIEDENHEIT AUF DEM OLYMP

Der mächtige Zeus, der den Thron des Olymp innehatte, führte mit eiserner Hand. Sein Donnerkeil und sein unerschütterlicher Wille machten ihn zu einem unangefochtenen Herrscher, doch die anderen Götter begannen, an seiner Führung zu zweifeln. Während die Menschen auf der Erde die Gunst der Götter suchten, begannen die Olympier, sich von ihrem Glauben abzuwenden.

Hera, die Gattin des Donnergottes, war die Erste, die ihre Unzufriedenheit äußerte. Eifersucht und Groll nisteten in ihrem Herzen und sie suchte nach Verbündeten, um gegen die Macht von Zeus anzutreten. Athena, die Göttin der Weisheit, empfand, dass ihr Einfluss unter der Vorherrschaft von Zeus schrumpfte, während Poseidon, der Meeresgott, das Gefühl hatte, dass sein Reich vernachlässigt wurde.

Diese Götter, einst treue Verbündete von Zeus, begannen heimlich, Pläne zu schmieden. Sie trafen sich in den verborgenen Ecken des Olymp, fernab von den wachsamen Augen ihres mächtigen Anführers. Die Machtverteilung auf dem Olymp begann zu wanken und die Spannung im Reich der Götter wuchs unaufhörlich.

Die Götter, die einst gemeinsam die Geschicke der Welt gelenkt hatten, fühlten sich von Zeus Alleinherrschaft unterdrückt. Sie träumten von einer Ära der Gleichberechtigung, in der sie die Welt nach ihrem Gutdünken gestalten konnten. Doch sie wussten, dass dies kein leichtes Unterfangen sein würde. Zeus, der Herrscher des Olymp, war nicht nur mächtig, sondern auch weise.

Die Bühne war bereitet, die Dunkelheit der Verschwörung lag über dem Olymp. Die Götter, die einst in Eintracht regiert hatten, standen nun am Abgrund der Rebellion. Ihr mutiger Schritt, die Herausforderung des mächtigen Zeus, sollte das Schicksal des Olymp und der gesamten göttlichen Welt für immer verändern.

PLäNE DER VERSCHWöRER

In den heiligen Hallen des Olymp hallte das geflüsterte Murmeln der Verschwörer wider. Hera, Athena, Poseidon und die anderen Götter, die sich gegen die Herrschaft von Zeus auflehnten, trafen sich heimlich in den Schatten des göttlichen Reiches. Ihr Komplott nahm Form an und die Spannung auf dem Olymp war förmlich greifbar.

Hera, die eifersüchtige Gemahlin des Donnergottes, führte die Verschwörung an. Sie hatte die unheilvollen Pläne und schmiedete Allianzen mit denjenigen Göttern, die sich von Zeus Dominanz unterdrückt fühlten. Athena, die Göttin der Weisheit, war unter den Verschwörern, obwohl sie einst enge Vertraute des Göttervaters gewesen war. Ihre Sorge galt der Zukunft des Wissens und der Bildung unter Zeus Herrschaft.

Auch Poseidon, der mächtige Herrscher der Meere, wurde von Hera in die Verschwörung verwickelt. Seine Stürme und Fluten erforderten eine gerechte Verteilung der Macht. Apollon, der Gott des Lichts und der Musik, schloss sich ihnen an, da er befürchtete, seine künstlerischen Kreationen könnten unter Zeus eiserner Faust leiden. Selbst der listige Hermes, der Götterbote, konnte nicht widerstehen und warf sein Los in die Waagschale.

In den dunklen Nächten des Olymp trafen sich die Verschwörer und planten ihren Coup. Sie schmiedeten Listen, diskutierten geheime Codes und planten, wie sie die Macht des mächtigen Zeus stürzen könnten. Doch sie wussten, dass dieser Weg mit Gefahren und Risiken gespickt war. Zeus, der die Herzen der Götter und Menschen kannte, war kein leichter Gegner.

Die Spannung auf dem Olymp erreichte ihren Höhepunkt, als die Verschwörer ihren Entschluss fassten, den mächtigen Donnergott herauszufordern. Ihre finsteren Pläne waren geschmiedet und die Konfrontation mit Zeus, dem unbestrittenen Herrscher des Olymp, rückte immer näher.

Die Welt der Götter, einst von Harmonie und Eintracht geprägt, stand vor einer Zerreißprobe. Der Schatten der Verschwörung umhüllte den Olymp und das Schicksal der göttlichen Welt hing am seidenen Faden. Würden die Verschwörer es wagen, die Macht des mächtigsten aller Götter herauszufordern oder würden sie am Ende die bitteren Früchte ihres Verrats ernten?

SHOWDOWN AUF DEM OLYMP

Die Spannung auf dem Olymp war greifbar. Die Verschwörer, angeführt von Hera, Athena, Poseidon, Apollon und anderen, hatten ihre finsteren Pläne geschmiedet. Der mächtige Zeus, der von den aufkommenden Unruhen Wind bekommen hatte, wusste, dass er handeln musste, um die aufkeimende Rebellion niederzuschlagen.

Die Götter, die einst in Eintracht und Harmonie regiert hatten, trafen sich an einem schicksalhaften Tag in den heiligen Hallen des Olymp. Die Wolken am Himmel verdunkelten sich und ein fernes Donnergrollen kündigte das drohende Unheil an. Der Donnergott selbst warf seinen donnernden Blick auf die Verschwörer, die sich in einer halbdunklen Ecke versammelt hatten.

Der mächtige Zeus stand aufrecht und unerschütterlich da, sein Donnerkeil in der Hand, um seine göttliche Macht zu symbolisieren. Die Verschwörer, ihre Blicke voller Zweifel und Zögern, wussten, dass sie mutig und entschlossen handeln mussten, wenn sie ihre finsteren Pläne umsetzen wollten.

Der Showdown auf dem Olymp war unausweichlich. Die Götter, die einst Brüder und Schwestern im göttlichen Pantheon gewesen waren, stellten sich nun in einem dramatischen Konflikt gegenüber. Die Spannung war zum Zerreißen gespannt, als der erste Blitz des Donnergottes in den Himmel fuhr.

Zeus mächtige Stimme donnerte über den Olymp, als er die Verschwörer zur Rede stellte. Er erinnerte sie an die jahrhundertealte Tradition der Götter, die Welt zu schützen und die Ordnung aufrechtzuerhalten. Doch die Verschwörer, von Hera angeführt, waren entschlossen, ihre Pläne fortzusetzen. Die Götter, die einst an seiner Seite gestanden hatten, wandten sich nun gegen den Donnergott und stellten sich hinter die Verschwörer.

In einem gewaltigen Showdown, bei dem die Blitze des Donnergottes den Himmel erhellten und das Donnern seiner Stimme die Welt erzittern ließ, kam es zum Konflikt der Götter. Zeus kämpfte gegen die Verschwörer und zeigte seine Macht in all seiner Pracht. Die anderen Götter, die an Heras Seite standen, wussten, dass sie die Macht des Donnergottes nicht unterschätzen durften.

Die Konfrontation auf dem Olymp erreichte ihren Höhepunkt. Die Welt der Götter war von einem düsteren Schatten bedeckt. Doch welches Schicksal würde die Verschwörer und den mächtigen Zeus erwarten? Würden die Götter am Ende in Eintracht und Versöhnung zurückkehren oder würde die Verschwörung die göttliche Welt für immer verändern?

DIE REUE DER VERSCHWöRER

Inmitten der gewaltigen Blitze, die über den Olymp zuckten und des ohrenbetäubenden Donners von Zeus standen die Verschwörer. Der mächtige Donnergott hatte seine eiserne

Macht in voller Pracht zur Schau gestellt und seine Entschlossenheit, den Aufstand niederzuschlagen, war unmissverständlich.

Die Götter, die einst heimlich die Macht von Zeus herausforderten, erkannten nun die furchtbare Wahrheit: Sie waren gegen einen Gegner angetreten, dessen Macht und Weisheit unerreicht waren. Die Blitze, die über den Olymp fegten, schienen ihr eigenes Scheitern zu verkünden.

In dieser düsteren Stunde des Konflikts und der Selbstreflexion, als die Verschwörer sich vor der Wucht der göttlichen Macht beugten, überkam sie die Reue.

Hera, Athena, Poseidon, Apollon und die anderen Götter, die einst gemeinsam gegen Zeus gestanden hatten, wandten sich inzwischen reumütig an ihren mächtigen Anführer.

Ihre Worte waren von Bedauern erfüllt, als sie gestanden, dass ihr Sturzversuch ein verhängnisvoller Fehler gewesen war. Sie hatten die Einheit des Olymp zerstört und die Götterwelt in Chaos gestürzt. Der Zorn des Donnergottes hatte sie zur Besinnung gebracht und sie erkannten, dass ihre Handlungen unverzeihlich gewesen waren.

Zeus, der die Herzen der Götter und Menschen kannte, sah in den Augen seiner einstigen Feinde die Aufrichtigkeit und die Reue. Er entschied sich für Gnade anstelle von Vergeltung. Seine mächtige Stimme verkündete, dass die Götterwelt nur dann überleben könne, wenn die Einheit und Harmonie auf dem Olymp wiederhergestellt würden.

Die Verschwörer, die einst nach Macht und Dominanz gestrebt hatten, nahmen die Hand des mächtigen Zeus an und gelobten Loyalität und Einigkeit. Sie schworen, die Fehde zu begraben und die Welt der Götter in Frieden und Harmonie zu regieren. In diesem Moment der Versöhnung erkannten die Götter, dass ihre wahre Stärke in ihrer Einheit lag.

Die Geschichte der Verschwörung der Olympier gegen Zeus war zu einem Wendepunkt in der Geschichte des Olymp geworden.

Statt eines gewaltsamen Sturzes und einer zerbrochenen Gemeinschaft erblühte die göttliche Welt wieder in Einheit und Zusammenhalt. Die Verschwörer hatten ihre Lektion gelernt und Zeus hatte seine Macht mit Weisheit und Güte ausgeübt.

So verblasste die finstere Verschwörung auf dem Olymp und die Götter fanden in ihrer Eintracht und Loyalität zueinander wahre Stärke. Der Olymp blieb unter dem festen Griff des mächtigen Zeus und die göttliche Welt kehrte zu ihrer einstigen Pracht und Herrlichkeit zurück. Die Geschichte der Verschwörung sollte fortan als Mahnung dienen, dass Einheit und Zusammenhalt über Verrat und Machtkämpfe siegen sollten.

WEISHEIT DES ZEUS

Die düsteren Wolken, die den Olymp umhüllt hatten, verzogen sich allmählich. Der mächtige Zeus, der die Verschwörer nach ihrer Reue begnadigt hatte, zeigte sich als weiser Herrscher, der die Balance auf dem Olymp wiederherstellen wollte.

Zeus wusste, dass die göttliche Gemeinschaft gestärkt aus dieser Krise hervorgehen musste. Er nutzte die Gelegenheit, um die Götterwelt zu einen und die Vertrauensbrüche zu heilen. Er rief zu einer Versammlung aller Götter auf, in der er die Wichtigkeit der Einheit und Harmonie betonte.

Die Götter, die einst gegen Zeus aufbegehrt hatten, hörten aufmerksam zu. Sie erkannten, dass ihre Einheit und Loyalität die Grundlagen der göttlichen Ordnung waren und dass die Eifersucht und der Verrat, die zuvor ihre Gemeinschaft erschüttert hatten, die Wurzel des Übels waren.

Zeus forderte von jedem der Götter eine Verpflichtung zur Zusammenarbeit und zur Unterstützung des gemeinsamen Zieles – das Wohl der Menschen und die Bewahrung der Welt. Er erinnerte sie daran, dass ihre Macht und Verantwortung größer waren als ihre individuellen Ambitionen.

Die Götter nahmen die Botschaft ihres mächtigen Anführers an. Sie versprachen, die göttliche Ordnung zu wahren und sich für das Wohl der Menschheit einzusetzen. Die Harmonie auf dem Olymp wurde wiederhergestellt und die Götterwelt blühte auf.

Zeus, der die Herzen der Götter und Menschen gleichermaßen kannte, hatte gezeigt, dass wahre Macht mit Weisheit und Güte einhergehen muss. Die göttliche Gemeinschaft hatte die Lektion der Verschwörung gelernt und verstanden, dass Einheit und Zusammenarbeit ihre wahre Stärke ausmachten.

Der Olymp, der einst von Dunkelheit und Zwietracht gezeichnet war, erstrahlte nun in neuer Pracht und Herrlichkeit. Die Geschichte der Verschwörung der Olympier gegen Zeus sollte fortan als Erinnerung an die Wichtigkeit von Einheit und Harmonie in der göttlichen Welt dienen.

DIE MENSCHENALTER
- AUS DEN SAGEN ZUM URSPRUNG DER MENSCHEN -

In der Welt der griechischen Mythologie spiegeln die Menschenalter die Evolution der Menschheit über die Zeitalter wider. Diese vier Zeitalter – das Goldene, das Silberne, das Bronzene und das Eisenzeitalter – erzählen von den Höhen und Tiefen, die die Menschheit durchlebt hat. Sie sind wie Kapitel in einem Buch, das die Geschichte der Menschheit von ihrer Unschuld bis zur Dunkelheit und schließlich zur Hoffnung erzählt.

DAS GOLDENE ZEITALTER

In grauer Vorzeit, als die Welt noch jung war und die Götter auf dem Olymp thronten, gab es ein Zeitalter von solcher Reinheit und Fülle, dass es als das »Goldene Zeitalter« in die Geschichtsbücher der Götter einging. In dieser Ära schien die Sonne heller zu scheinen, der Himmel blauer zu sein und die Erde selbst strahlte vor Leben.

Die Menschen, die in dieser gesegneten Epoche lebten, kannten keine Sorgen, keine Krankheit und keinen Mangel. Sie gingen Hand in Hand mit den Göttern und die Götter, ihrerseits, strömten ihren Segen über die Welt aus. Die Erde trug ihre Früchte von selbst und die Bäche flossen von Milch und Honig.

In jener Zeit waren die Herzen der Menschen von wahrer Güte erfüllt. Sie lebten in vollkommener Harmonie miteinander und mit der Natur. Es gab keinen Platz für Neid oder Missgunst, denn alles, was sie sich wünschten, wurde ihnen von den göttlichen Händen gewährt. Der Frieden herrschte in den Herzen der Menschen und auf der ganzen Welt.

Die Menschen des Goldenen Zeitalters kannten weder Kriege noch Gewalt. Die Worte »Hass« und »Angst« waren ihnen fremd. In ihrem Leben gab es nur Liebe, Vertrauen und Großzügigkeit. Sie verbrachten ihre Tage in Einklang mit der Natur, priesen die Götter und dankten für die Geschenke, die ihnen zuteilwurden.

Aber wie alle guten Dinge, so musste auch das Goldene Zeitalter eines Tages enden. Das Rad der Zeit setzte sich in Bewegung und die Menschheit begann, sich zu verändern. Das Silberne Zeitalter, von dem wir im nächsten Kapitel sprechen werden, wartete bereits darauf, die Welt in seinen Bann zu ziehen und die Menschheit auf eine neue Prüfung vorzubereiten.

DAS SILBERNE ZEITALTER

Nach dem Vergehen des Goldenen Zeitalters kam eine Ära, die von einem anderen Charakter geprägt war – das Silberne Zeitalter. Es war eine Zeit, in der sich die Menschen allmählich von ihrer ursprünglichen Reinheit entfernten und ihren eigenen Wünschen und Gelüsten nachgaben.

Die Menschen des Silbernen Zeitalters waren egoistischer geworden. Die Gemeinschaft und das Gefühl der Einheit schwanden und an ihre Stelle trat eine zunehmende Unbotmäßigkeit. Sie begannen, die Gaben der Götter infrage zu stellen und waren nicht mehr so dankbar wie ihre Vorfahren. Die Harmonie zwischen Mensch und Gott, die einst so selbstverständlich war, wurde brüchig.

Die Götter wandten sich langsam von den Menschen ab, denn sie erkannten, dass die Menschheit ihren Weg verloren hatte. Die Welt begann, sich zu verändern und die Zeiten wurden härter. Das, was einst leicht erreichbar schien, wurde nun schwer verdient.

In dieser Ära erlebten die Menschen die ersten Anzeichen von Krankheit und Leid. Der Luxus und die mühelose Fülle des Goldenen Zeitalters verschwanden und die Welt wurde komplexer und weniger vorhersehbar. Die Menschen mussten jedoch beginnen, für ihr eigenes Überleben zu kämpfen und hart zu arbeiten.

Das Silberne Zeitalter war eine Zeit des Übergangs, eine Zeit, in der die Menschheit ihre Unschuld verlor und sich den Herausforderungen des Lebens stellen musste. Es war jedoch erst der Anfang einer langen Reise durch die Zeitalter der griechischen Mythologie, wie wir in den folgenden Kapiteln erfahren werden.

DAS BRONZENE ZEITALTER

In der düsteren Ära, die nach dem Silbernen Zeitalter kam, veränderte sich die Welt weiter und die Menschheit fand sich in einem Zeitalter der Gewalt und des Krieges wieder. Dies war das Bronzene Zeitalter, eine Zeit, in der die Menschen ihre Fähigkeiten in der Schmiedekunst entdeckten und begannen, Waffen aus Bronze herzustellen.

Die Menschen des Bronzenen Zeitalters hatten ihre Verbindung zur Natur fast vollständig verloren. Statt im Einklang mit der Welt um sie herum zu leben, begannen sie, sie zu beherrschen und zu verändern. Mit ihren neu geschmiedeten Waffen fingen sie an, einander zu bekämpfen und der Klang von Schlachten und Kriegen hallte durch die Lande.

Die einstige Harmonie und Einheit waren Vergangenheit. Die Götter wandten sich von den Menschen ab, denn sie sahen, dass die Menschheit auf einem gefährlichen Pfad wandelte. Die Menschen lebten nicht mehr in Frieden, sondern in ständiger Furcht vor Feinden und Angriffen.

Die Dunkelheit überzog die Welt und die Herzen der Menschen wurden von Gier und Misstrauen erfüllt. Tugenden wie Großzügigkeit und Mitgefühl wurden rar, während Ehrgeiz und Machtstreben die Oberhand gewannen. Es schien, als hätte die Menschheit den Pfad der Weisheit verlassen und stattdessen den Weg der Zerstörung eingeschlagen.

Das Bronzene Zeitalter war eine Zeit der Prüfungen und Konflikte. Die Menschen hatten ihre Fähigkeiten genutzt, um Macht über andere auszuüben, anstatt für das Wohl aller zu arbeiten. Doch inmitten der Dunkelheit und der Kriege gab es immer noch die Hoffnung auf ein besseres Zeitalter, wie wir in den kommenden Kapiteln sehen werden.

DAS EISENZEITALTER

Die Menschheit setzte ihren unerbittlichen Weg durch die Zeitalter fort und nach dem Bronzenen Zeitalter kam eine noch düsterere Ära – das Eisenzeitalter. Diese Zeit war geprägt von Härte, Leid und einer scheinbar unaufhörlichen Abkehr von den Tugenden, die einst die Menschheit ausgezeichnet hatten.

Die Menschen des Eisenzeitalters waren gierig und selbstsüchtig geworden. Sie ergriffen jede Gelegenheit, um ihren eigenen Reichtum zu mehren, selbst auf Kosten anderer. Die Götter wandten sich von ihnen ab, denn sie sahen, dass die Menschheit den Pfad der Weisheit und der Bescheidenheit verlassen hatte.

Die Erde selbst wurde krank und unfruchtbar. Die Früchte, die einst reichlich gediehen, wurden knapp und die Menschen mussten nun hart arbeiten, um ihren Lebensunterhalt zu verdienen.

Das Leben wurde zur mühsamen Last und die Zeiten waren von Dunkelheit und Elend geprägt.

In diesem Zeitalter kannten die Menschen weder Frieden noch Verständnis. Gewalt und Krieg beherrschten die Welt und die Menschheit schien auf dem Weg zur Selbstzerstörung zu sein. Das Eisenzeitalter brachte keine Erlösung, sondern vielmehr die Bestätigung, dass die Menschheit sich weiter von den Werten des Friedens, der Harmonie und der Güte entfernte.

Doch selbst in dieser finsteren Ära gab es immer noch einen Funken der Hoffnung. Die griechische Mythologie lehrt uns, dass das Rad der Zeit niemals aufhört zu drehen. Nach dem Eisenzeitalter wird ein neues Goldenes Zeitalter kommen, in dem die Menschheit zu ihren reinen Wurzeln zurückkehrt und wieder in Harmonie mit den Göttern lebt. Diese Botschaft der Hoffnung begleitet uns auf unserer Reise durch die Zeitalter der Menschheit.

DIE HOFFNUNG AUF EIN NEUES GOLDENES ZEITALTER

Trotz der Finsternis und der Schwierigkeiten des Eisenzeitalters, die die Menschheit über Jahrhunderte hinweg geplagt hatten, lebte die Hoffnung auf ein neues Goldenes Zeitalter immer in den Herzen der Menschen. Die griechische Mythologie lehrte, dass das Rad der Zeit niemals aufhört zu drehen und die Menschheit die Fähigkeit zur Veränderung und zum Fortschritt besitzt.

Die Geschichte der Menschenalter in der griechischen Mythologie ist eine Erinnerung daran, dass das Leben in Zyklen verläuft. Die Menschheit mag in den historisch dunkelsten Zeiten verweilen, doch es gibt immer die Möglichkeit, sich zu verbessern und zu wachsen. Die Prüfungen und Entbehrungen der Vergangenheit können als Lehren dienen, um die Zukunft in einem neuen Licht zu sehen.

Die Menschen, die die Geschichten der »Menschenalter« hörten, wussten, dass es in ihrer Hand lag, die Tugenden des Friedens, der Harmonie und der Güte zu bewahren. Sie wussten, dass sie die Wahl hatten, den Pfad der Selbstsucht und der Gewalt zu verlassen und stattdessen den Weg der Weisheit und des Miteinanders zu wählen.

Das Rad der Zeit drehte sich unaufhaltsam weiter und die Aussicht auf ein neues Goldenes Zeitalter erfüllte die Herzen der Menschen mit Hoffnung. Sie wussten, dass, wenn sie die Lektionen der Vergangenheit beherzigten und sich an die Werte erinnerten, die einst ihr Erbe waren, sie eines Tages die Fesseln der Dunkelheit sprengen und in ein Zeitalter von Wohlstand und Harmonie eintreten könnten.

So endet die Geschichte der Menschenalter in der griechischen Mythologie nicht in Verzweiflung, sondern mit einem Versprechen. Es ist ein Versprechen, dass die Menschheit immer die Chance hat, sich zu erheben, sich zu verändern und ein neues Goldenes Zeitalter zu begrüßen, in dem Frieden und Harmonie wieder auf der Welt herrschen.

DER RAUB DER EUROPA
- AUS DEM KRETISCHEN SAGENZYKLUS -

Es war eine Zeit, in der die Antike von mythischen Geschichten und göttlichen Eingriffen erfüllt war. Inmitten dieser Welt der Wunder lebte Europa, die strahlende Tochter des mächtigen phönizischen Königs Agenor. Ihr Name sollte bald zu einem Symbol der Anmut und Schönheit werden.

DIE SCHöNE EUROPA

Schon von Kindheit an fiel Europa auf, wo immer sie auch ging. Ihre Augen schimmerten wie der klare Himmel über dem Mittelmeer und ihr Lächeln hatte die Kraft, selbst die düstersten Herzen zu erhellen. Sie war eine Blume von unvergleichlicher Pracht, die im Garten der Erde erblühte.

Doch die Schönheit der Europa war nicht nur ein Geschenk der Natur. Sie trug in sich das Erbe einer langen Ahnenreihe von Königinnen und Königen, die einst das phönizische Reich regierten. Ihr Vater, König Agenor, konnte mit Recht behaupten, dass seine Tochter die schönste Kreatur war, die je das Licht der Welt erblickt hatte.

Die Schönheit der Europa war jedoch nicht nur eine Quelle des Stolzes, sondern auch der Neid. Selbst die Götter im Olymp konnten ihrer Anmut nicht widerstehen. Ihre Blicke ruhten begierig auf ihr und in den Hallen des Himmels herrschte Unruhe. Hera, die eifersüchtige Gattin des Göttervaters Zeus, beobachtete Europa mit Argwohn und Sorge.

So begann unsere Geschichte, eingehüllt in die Schönheit und Pracht einer jungen Prinzessin, die die Götter selbst aus der Ruhe brachte.

Doch in den folgenden Kapiteln wird deutlich, dass die Schönheit Europas nicht nur Bewunderung, sondern auch göttliche Eifersucht und schicksalhafte Abenteuer hervorrufen sollte.

Göttliches Verlangen

Europas Schönheit erfüllte die Welt mit Staunen, doch in den Hallen des Olymp weckte sie weit mehr als Bewunderung. Unter den Göttern war es Zeus, der mächtige Göttervater, der von ihrem Anblick verzaubert wurde. Seine Liebe zu Europa sollte zu einer Legende werden, die die Ewigkeit überdauerte.

Es war an einem sonnigen Tag, als Zeus beschloss, sein göttliches Auge auf die Erde zu richten. Er betrachtete die Menschen, ihre Freuden und Leiden und in all dem erblickte er Europa, die erstrahlende Prinzessin. Sein Herz begann schneller zu schlagen und eine Sehnsucht erfüllte ihn, wie er sie noch nie zuvor empfunden hatte.

Um Europa näher zu sein, wählte Zeus einen außergewöhnlichen Weg. Er verwandelte sich in einen majestätischen weißen Stier, dessen Fell so rein und strahlend war wie frisch gefallener Schnee auf dem Gipfel des Olymp. Seine Augen glänzten wie die Sterne am nächtlichen Himmel.

So trat Zeus in die Welt der Menschen ein, verkleidet als Stier von atemberaubender Schönheit. Er näherte sich behutsam Europa, die mit ihren Gefährtinnen die Ufer des Mittelmeers entlangspazierte. Ihr Lachen und Gesang erfüllte die Luft, als sie Muscheln sammelten und im glitzernden Wasser planschten.

Das Lied des Stiers zog Europa magisch an und sie näherte sich ihm mit einer Mischung aus Furcht und Neugier. Doch bevor sie sich versah, schwang Zeus sie auf seinen mächtigen Rücken und raste davon, schneller als der Blitz, ins tiefblaue Meer hinaus.

Die Wellen des Mittelmeers erbebten, als der mächtige Stier, in Wirklichkeit der Göttervater höchstpersönlich, Europa forttrug. Die junge Prinzessin war in einen Strudel aus Furcht und Aufregung geraten, während sie auf dem Rücken des Stiers saß und das Ufer, ihre Heimat, immer weiter in die Ferne rückte.

So begann die Entführung, die die Welt in Atem halten sollte, eine Geschichte von göttlicher Liebe, Verwandlungen und einer Reise ins Unbekannte. Europa und Zeus waren auf dem Weg zu einem Abenteuer, das die Götter und Menschen gleichermaßen faszinieren würde.

DIE ENTFüHRUNG

Die Wellen des Mittelmeers tobten, als Zeus, in Gestalt des prächtigen weißen Stiers, mit der geraubten Europa im Schlepptau ins offene Meer galoppierte. Die junge Prinzessin saß auf seinem mächtigen Rücken, unfähig, sich gegen die unerklärliche Entführung zu wehren. Angst und Verwirrung durchzuckten ihr Herz.

Europa fühlte, wie der Wind durch ihre Haare strich und das salzige Wasser des Ozeans sie besprenkelte. Unter ihr tanzten die Wellen wie ein riesiges Schauspiel und sie wusste, dass sie sich nun in der Gewalt eines göttlichen Wesens befand. Der Stier, in Wirklichkeit Zeus, war nicht nur ein einfaches Tier, sondern ein mächtiger Gott.

Während Europa auf dem Rücken des Stiers saß, verblassten die Konturen ihrer Heimat. Die Küsten Phöniziens verschwanden am Horizont und das ferne Kreta näherte sich. Die göttliche Macht des Stiers ließ Europa den Ozean überqueren, ohne dass sie je einen Fuß ins Wasser setzen musste.

Europa schwankte zwischen Angst und Faszination. Sie konnte den verführerischen Klang des Stiers und das Rauschen des Meeres hören. In ihrem Herzen aber wusste sie, dass sie von einem göttlichen Wesen entführt worden war. Ihre Heimat und ihre Familie schienen unendlich weit entfernt, während sie auf dem Rücken des Stiers saß und durch die unendlichen Weiten des Meeres ritt.

Während Europa auf dieser abenteuerlichen Reise ins Unbekannte saß, sollte sie bald entdecken, dass die Entführung mehr war als ein gewöhnliches Verbrechen. Es war der Beginn einer göttlichen Liebesgeschichte, die die Welt der Menschen und Götter für immer verändern würde.

ANKUNFT AUF KRETA

Das Rauschen der Wellen wurde leiser und das ferne Kreta näherte sich Europa und dem mächtigen Stier. Die Insel, die wie ein geheimnisvolles Paradies in der Ägäis lag, schien von einer unvergleichlichen Pracht zu sein. Die Berge erstreckten sich majestätisch bis zum Himmel und das Meer umspülte die Küste in einem endlosen Tanz.

Mit einem letzten kraftvollen Sprung erreichte der weiße Stier schließlich das Ufer von Kreta. Hier, an diesem abgelegenen Ort, offenbarte er seine wahre Identität. Der Stier verwandelte sich vor Europas Augen zurück in die majestätische Gestalt von Zeus, dem mächtigen Göttervater.

Europa blickte auf den Göttervater, der in all seiner göttlichen Pracht vor ihr stand. Seine Augen leuchteten wie Sterne und sein Antlitz strahlte mit einer überirdischen Anmut. Der Himmel über Kreta schien sich zu verneigen vor der Göttlichkeit, die sich hier offenbarte.

Zeus, der Göttervater, sprach sanft zu Europa und versicherte ihr, dass sie in Sicherheit sei. Er enthüllte ihr, dass seine Liebe für sie so stark war, dass er bereit gewesen war, für sie die Gestalt eines Stiers anzunehmen und sie auf diese Insel zu tragen. Die Götter selbst hatten ihre Wege gelenkt, um diese außergewöhnliche Begegnung zu ermöglichen.

Der Göttervater versprach Europa Reichtum und Glück in ihrer neuen Heimat. Hier auf Kreta sollte sie eine Königin sein und er würde über sie wachen und sie beschützen. Europa begann allmählich zu verstehen, dass sie in eine Welt jenseits der Menschheit und der irdischen Sorgen eingetreten war. Ihre Bestimmung hatte sich für immer verändert.

DIE LIEBE UND DAS ERBE

Europa war nun auf Kreta, der Insel der Legenden und der Götter, angekommen. Hier, umgeben von majestätischen Bergen und dem unendlichen Blau des Mittelmeers, begann ihr Leben eine neue Wendung. Sie hatte die Liebe des mächtigen Göttervaters Zeus gewonnen und war zu seiner Geliebten geworden.

Unter dem göttlichen Schutz des Göttervaters erblühte Europa auf Kreta in all ihrer Pracht. Sie wurde zur Königin dieser zauberhaften Insel und regierte mit Weisheit und Güte. Ihre Schönheit und ihr Charisma zogen die Bewohner Kretas in ihren Bann und sie wurde verehrt wie eine Göttin.

Die Liebe zwischen Europa und Zeus brachte Früchte hervor, die für die Zukunft von großer Bedeutung sein sollten. Auf Kreta gebar Europa dem Göttervater drei Söhne. Diese Söhne würden zu künftigen Helden und Königen heranwachsen und eine wichtige Rolle in den Geschichten der Antike spielen.

Die Nachkommen Europas und Zeus sollten die Ahnen vieler großer Dynastien und Königreiche sein. Ihre Blutlinie würde sich über Jahrhunderte erstrecken und die Geschicke vieler Nationen beeinflussen. Das Erbe der Europa, die einst als entführte Prinzessin begann, sollte eine Spur der Göttlichkeit in der Welt der Menschen hinterlassen.

Dieser Mythos lehrt uns, dass die Liebe zwischen den Göttern und den Menschen zu außergewöhnlichen Nachkommen führen kann, die das Schicksal ganzer Nationen prägen. Europa und Zeus wurden zu einer Legende, die die Zeiten überdauerte und ihr Erbe lebt in den Herzen und Köpfen derjenigen fort, die von ihren Taten und ihrer Liebe erfahren.

DIE GEBURT VON APOLLONN UND ARTEMIS

- AUS DEN OLYMPISCHEN GÖTTERSAGEN -

In den fernen Gefilden des Olymp, wo die Götter in göttlicher Pracht und Prunk thronten, begann die Geschichte, die die Welt in ihren Grundfesten erschüttern sollte. Die Hauptfiguren dieser Saga waren niemand Geringere als der mächtige Zeus, der Himmelsvater und König der Götter, sowie die bezaubernde Titanin Leto.

LEIDENSCHAFT UND FLUCH

Es war die Leidenschaft, die den Himmel erbeben und die Sterne vor Neid erblinden ließ. Zeus war dem Charme Letos verfallen und ihre Liebe entfachte ein Feuer, das nicht so leicht zu löschen war. Doch es gab ein gewaltiges Hindernis, das ihre Liebe überschattete – Hera, die eifersüchtige Gattin des olympischen Gottes.

Hera, die Königin des Himmels, erfuhr von der verbotenen Affäre ihres Gemahls. Ihr Zorn entbrannte wie ein wildes Feuer und sie beschloss, Rache zu üben. Ein eifersüchtiger Fluch verließ ihre Lippen und dieser Fluch sollte das Schicksal von Leto und ihren ungeborenen Kindern besiegeln.

Der Fluch, der Hera aussprach, war furchtbar in seiner Wirkung. Er besagte, dass Leto keinen sicheren Ort finden würde, um ihre Kinder zur Welt zu bringen. Die Himmel, die Erde und die Meere würden sich gegen sie verschwören und sie würde nirgendwo Frieden finden. Die Geburt der Zwillinge schien in die ewige Dunkelheit verbannt zu sein.

Doch die Liebe zwischen Zeus und Leto war ebenso unvergänglich wie die Sterne am Himmel und Leto war entschlossen, ihre Kinder sicher zur Welt zu bringen. Die Geschichte von Apollonn und Artemis, die Zwillinge der Titanin Leto und des mächtigen Zeus, begann mit einer leidenschaftlichen Liebe und einem eifersüchtigen Fluch, der das Schicksal herausforderte. In den kommenden Kapiteln dieser Geschichte werden wir erfahren, wie Leto trotz des Fluchs einen sicheren Ort für die Geburt ihrer Kinder fand und wie diese beiden göttlichen Geschwister die Welt für immer veränderten.

LETOS SUCHE NACH EINEM SICHEREN ORT

Die Geschichte von Apollonn und Artemis entfaltete sich vor unseren Augen und in diesem Kapitel begleiten wir Leto auf ihrer verzweifelten Suche nach einem sicheren Ort für die Geburt ihrer kostbaren Zwillinge.

Die Titanin Leto, von Heras Fluch verfolgt, wanderte durch die ganze Welt, auf der Suche nach einem Zufluchtsort, an dem sie ihre Kinder sicher zur Welt bringen konnte. In dieser Zeit zeigte sich die Unbarmherzigkeit des Fluchs auf brutale Weise. Wo immer sie hinging, wurde sie abgewiesen, vertrieben und verachtet.

Die mächtigen Berge fürchteten Heras Zorn und verweigerten ihr Unterschlupf. Die fruchtbaren Täler und Wälder, die normalerweise Leben und Wachstum förderten, verschlossen sich gegen sie. Selbst die menschlichen Siedlungen und Dörfer wagten es nicht, ihr Obdach zu gewähren, aus Angst vor den Konsequenzen, die der Zorn der eifersüchtigen Hera bringen könnte.

Leto wusste, dass sie keine Zeit verlieren durfte. Die Wehen setzten ein und die Zeit lief ihr davon. Verzweifelt und erschöpft, wandte sie sich an die Götter und flehte um Erbarmen. Sie rief zu Zeus, ihrem Geliebten, der, gefangen in einem Dilemma zwischen seiner Liebe zu Leto und der Treue zu Hera, seine geliebte Titanin nicht offen unterstützen konnte.

Doch die Göttin des Mutterseins und der Geburt, Eileithyia, die Tochter von Hera, nahm Mitgefühl mit Leto. Sie sorgte dafür, dass Leto bei ihrer Suche nach einem sicheren Ort auf die kleine

Insel Delos stieß. Diese Insel, bislang nicht fest mit der Erde verbunden, schien einen Hauch von Hoffnung zu bieten.

In ihrem Zustand der Verzweiflung und Erschöpfung erreichte Leto endlich Delos. Ihre Füße berührten den erdigen Boden und sie spürte, dass dies der Ort war, nach dem sie so verzweifelt gesucht hatte. Hier, auf dieser kleinen, schaukelnden Insel, würde sie ihren Zwillingen endlich ein sicheres Heim bieten können.

Die Reise von Leto war voller Entbehrungen und Herausforderungen, aber ihre Entschlossenheit und die Hilfe der Göttin Eileithyia führten sie schließlich zu einem Ort der Hoffnung. Die Insel Delos würde zur Bühne für die Geburt von Apollonn und Artemis werden und den Beginn einer faszinierenden Geschichte markieren, die die Welt verändern sollte.

DELOS, DIE RETTENDE INSEL

Auf der schmalen Insel Delos, die sich einsam über dem blauen Meer emporhob, sollte das Schicksal von Apollonn und Artemis seinen Lauf nehmen. Doch diese Insel war kein gewöhnlicher Ort. Sie war nicht fest mit der Erde verbunden, sondern schaukelte auf den Wellen des Ägäischen Meeres, als würde sie ein Eigenleben führen.

Die Insel Delos war es gewohnt, die Bewegungen des Meeres sanft zu erdulden, doch sie erkannte sofort die göttliche Besucherin in ihrer Mitte. Leto, die verzweifelte Titanin, war angekommen und Delos sollte zu ihrem Zufluchtsort werden.

Aber die Insel, so schien es, hatte ihren eigenen Willen. Als Leto den Boden betrat, begann Delos sich zu bewegen. Sie schaukelte auf den Wellen, als wolle sie die Titanin abschütteln, als versuche sie, sie ins Meer zu stürzen und den göttlichen Plan zu durchkreuzen.

Leto, inmitten ihrer schmerzhaften Wehen, klammerte sich an einen einsamen Palmenbaum auf Delos. Sie hielt sich mit aller

Kraft fest, denn sie wusste, dass dies ihre letzte Hoffnung war. Der Wind heulte, die Wellen schäumten und die Insel bebte unter der Last der Göttin und ihren ungeborenen Kindern.

Aber Leto war standhaft. Die Mutter der Zwillinge konnte nicht eingeschüchtert werden. Die Göttin des Himmels, die Hera, konnte ihren Willen nicht brechen. Die Geburt sollte an diesem unwirtlichen Ort stattfinden und Leto war entschlossen, ihre Kinder sicher zur Welt zu bringen.

Schließlich, inmitten des tobenden Sturms, der die Insel und das Meer um sie herum erzittern ließ, brachte Leto, die Königin des Durchhaltevermögens, Apollonn, den strahlenden Sonnengott, zur Welt. Sein goldenes Haar glänzte und seine Augen leuchteten wie die Sonne selbst. Apollonn, das göttliche Licht, war geboren.

Die Musik, die in diesem Augenblick in der Luft lag, war von einer solchen Schönheit, dass die Wellen sich beruhigten und der Wind zum Schweigen kam. Apollonn, noch in den Armen seiner Mutter, ergriff seine Lyra, die Leier und begann zu spielen. Seine Musik erfüllte die Welt und die Götter des Olymp horchten auf.

Die Geschichte von Apollonn und Artemis nahm hier ihren Anfang und die Geburt von Apollonn auf Delos sollte die Insel in einen heiligen Ort verwandeln. Apollonn, der Sonnengott und Meister der Musik, erfüllte die Welt mit seiner strahlenden Präsenz und himmlischen Klängen. Aber die Geschichte ist weiterhin nicht zu Ende, denn Artemis, die wilde Jägerin, sollte bald das Licht der Welt erblicken.

LETOS STANDHAFTE GEBURT

Die Insel Delos hatte Apollonn, den strahlenden Sonnengott, sicher zur Welt gebracht und ihre Wellen beruhigten sich, als würde sie die Geburt eines solchen göttlichen Wesens respektieren. Doch die Geburt von Apollonn war erst der Anfang, denn seine Zwillingsschwester Artemis, die wilde Jägerin, sollte schon bald das Licht der Welt erblicken.

Leto, noch immer an den Palmenbaum geklammert, spürte, dass die Zeit für die Geburt ihrer Tochter gekommen war. Die Wehen zogen sich schmerzhaft zusammen und Leto wand sich vor Schmerz. Doch sie war standhaft, entschlossen und unerschütterlich.

Mit einem letzten, kraftvollen Aufschrei brachte Leto Artemis, die Jägerin, zur Welt. Die Göttin des Geburtswesens, Eileithyia, wachte über diesen Moment und das Schicksal hatte seinen Lauf genommen. Artemis, wild und schön, mit einem Pfeil und Bogen in der Hand, war geboren.

Die Geburt von Artemis markierte den Abschluss dieses epischen Moments, in dem die Welt von der Anwesenheit zweier göttlicher Geschwister erfüllt wurde. Apollonn, der Sonnengott und Meister der Musik und Artemis, die wilde Jägerin und Beschützerin der Wildnis, sollten die Welt mit ihrer Präsenz und ihren Gaben segnen.

Die Insel Delos, die Zeugin dieser unglaublichen Geburten geworden war, wurde zu einem der heiligsten Orte der griechischen Mythologie. Ihr Boden, der das Leben von Apollonn und Artemis begrüßte, wurde für immer gesegnet und geheiligt.

Leto, die unerschrockene Mutter, hatte den Fluch von Hera überwunden und sich mit ihrer Entschlossenheit und Standhaftigkeit als eine der mächtigsten Titaninnen erwiesen. Ihre Zwillinge, Apollonn und Artemis, sollten die Welt in den kommenden Jahren mit ihrer göttlichen Macht und ihren einzigartigen Talenten verändern.

DIE HEILIGKEIT VON DELOS

Die Geburt von Apollonn und Artemis auf der schaukelnden Insel Delos hatte nicht nur das Schicksal der beiden göttlichen Geschwister besiegelt, sondern auch die Geschichte dieser kleinen Insel für immer verändert. Delos, einst ein unscheinbarer Fleck im Ägäischen Meer, war nun ein heiliger Ort, gesegnet von der Anwesenheit der Götter.

Die Nachricht von der Geburt der Zwillinge verbreitete sich wie ein Lauffeuer und Menschen aus allen Ecken der Welt strömten nach Delos, um Zeugen dieses wundersamen Ereignisses zu werden. Die Insel wurde zu einem Wallfahrtsort, an dem die Gläubigen die Geburtsstätte der göttlichen Zwillinge verehrten.

Die Götter des Olymp, darunter auch der stolze Zeus und die eifersüchtige Hera, konnten die Wunder von Delos nicht ignorieren. Trotz ihrer Unterschiede und Konflikte fanden sie, dass die Geburt von Apollonn und Artemis ein göttliches Ereignis war, das Bewunderung und Ehrfurcht verdiente.

Apollonn, der Sonnengott, erfüllte die Insel mit seiner strahlenden Pracht. Seine Musik, die er auf seiner Lyra spielte, verzauberte die Herzen der Menschen und Götter gleichermaßen. Die Insel Delos strahlte im Licht seines Glanzes und wurde zu einem Ort der Freude und des Jubels.

Artemis, die wilde Jägerin, begab sich in die umliegenden Wälder und Berge und zähmte die Wildnis, die einst das Land überzog. Sie schützte die Tiere und die Natur und wurde zur Beschützerin derjenigen, die in der Wildnis Zuflucht suchten.

Die Insel Delos wurde zu einem heiligen Ort, an dem die Gegenwart der Götter deutlich spürbar war. Tempel wurden errichtet und Priesterinnen und Priester fanden hier ihre Berufung. Die Menschen kamen, um zu beten und Opfer darzubringen und Delos wurde zum Zentrum religiöser Verehrung und kultureller Bedeutung.

Die Geschichte von Apollonn und Artemis war untrennbar mit Delos verbunden und die Insel wurde zu ihrem ewigen Zufluchtsort und einem Symbol der Überwindung von Heras Fluch. Die Geburt der Zwillinge hatte nicht nur Delos in ein Paradies der Göttlichkeit verwandelt, sondern auch die Welt inspiriert und verwandelt.

Die Insel Delos war ein Ort der Wunder und der Hoffnung, an dem die Menschen und Götter die Macht der Liebe und der Entschlossenheit erlebten. Die Geschichte von Apollonn und

Artemis, die auf dieser heiligen Insel begann, sollte für immer in den Annalen der griechischen Mythologie verewigt werden.

EIN GöTTLICHES ERBE

Die Geburt von Apollonn und Artemis auf der Insel Delos war nicht nur ein Segen für die Bewohner dieser Insel, sondern auch für die gesamte Welt. Die Zwillinge, gesegnet mit göttlicher Macht und Einzigartigkeit, sollten in den kommenden Jahren ihre Spuren in der griechischen Mythologie hinterlassen und die Menschheit mit ihrem Erbe inspirieren.

Apollonn, der Sonnengott, hatte die Welt mit seiner Musik erfüllt. Seine lyrischen Klänge brachten Freude und Trost und seine göttliche Strahlkraft verteilte Licht und Wärme über die Erde. Er wurde der Gott der Künste und der Musik, der Schutzpatron von Dichtern und Musikern. Apollonn stand für das Licht der Wahrheit und das Streben nach Schönheit in all ihren Formen.

Artemis, die wilde Jägerin, zähmte die Natur und schützte die Wildnis. Sie war die Beschützerin der Tiere und die Hüterin der Natur. Artemis, jungfräulich und unabhängig, verfolgte ihre eigenen Wege und wurde zur Göttin der Jagd. Sie war auch die Beschützerin der Frauen bei Geburten und die Patronin der Jungfräulichkeit.

Die Zwillinge, Apollonn und Artemis, waren ein perfektes Beispiel für die Vielfalt der göttlichen Gaben und Eigenschaften. Apollonn, der strahlende Sonnengott, repräsentierte das Licht, die Musik und die schönen Künste. Artemis, die wilde Jägerin, verkörperte die Stärke, die Unabhängigkeit und die Verbindung zur Natur.

Die Menschen verehrten die beiden Götter in Tempeln und Heiligtümern und sie baten um ihren Schutz und ihre Führung. Die Legenden von ihren Abenteuern und Taten wurden von Generation zu Generation weitergegeben und sie inspirierten Künstler, Dichter und Schriftsteller.

Die Geburt von Apollonn und Artemis war nicht nur ein göttliches Ereignis, sondern auch eine Botschaft an die Menschheit. Sie lehrte uns, dass Liebe und Entschlossenheit in der Lage sind, die größten Hindernisse zu überwinden. Die Zwillinge wurden zu Symbolen für die Schönheit und die Wildnis, für Kunst und Natur, für das Licht und die Dunkelheit.

Die Geschichte von Apollonn und Artemis ist eine Geschichte von Vielfalt und Einzigartigkeit, von Göttlichkeit und Menschlichkeit. Sie sind ein Vermächtnis, das uns daran erinnert, dass in der Welt der Götter und der Menschen Platz ist für all die verschiedenen Facetten des Lebens. Und so werden die Zwillinge Apollonn und Artemis für immer in den Herzen der Menschen und in den Seiten der Mythologie weiterleben.

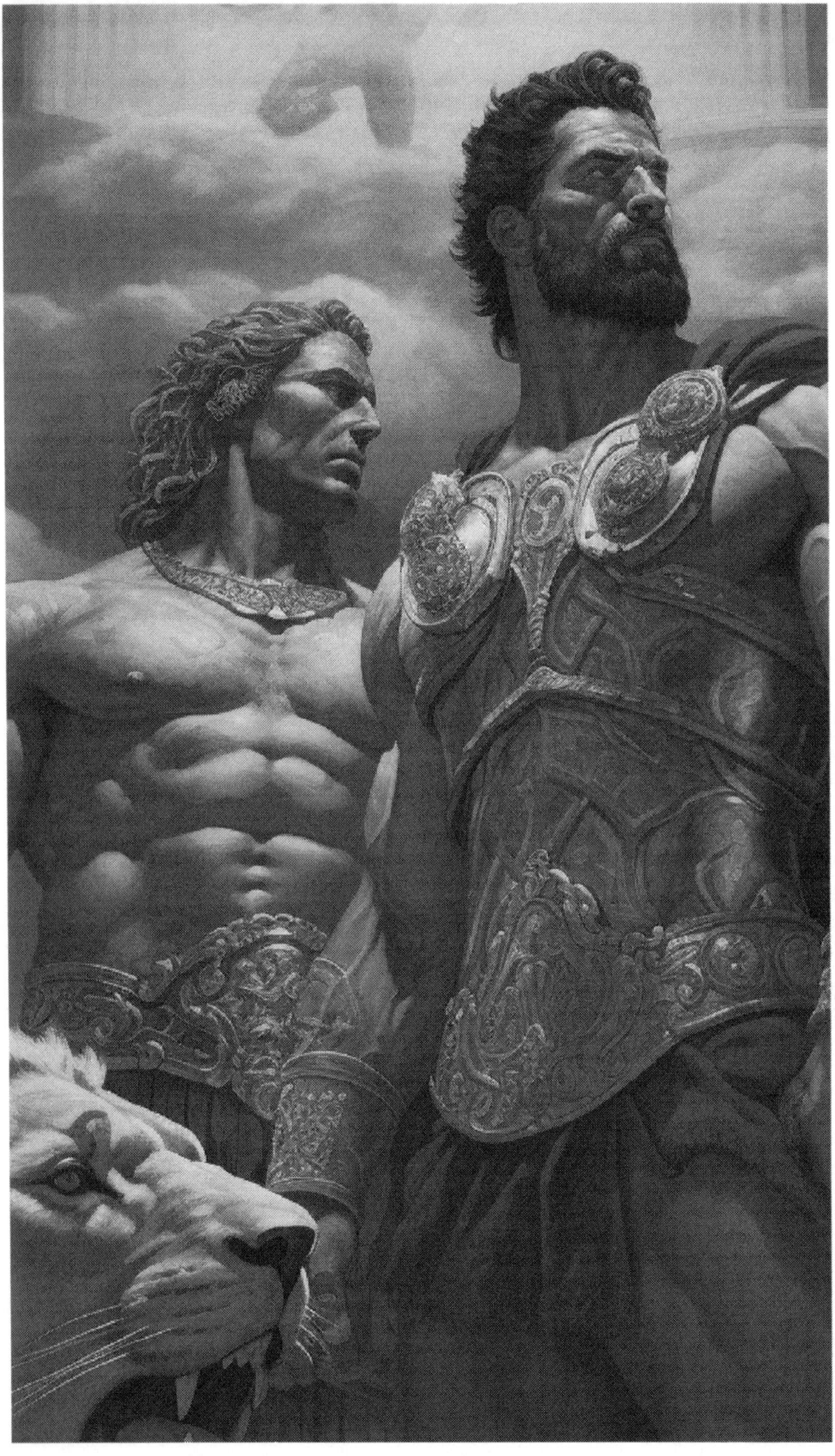

- KAPITEL 11 -
ZEITLOSE LEHREN

In einer Zeit, die von ständigem Wandel und raschem Fortschritt geprägt ist, mögen die alten Mythen der griechischen Antike wie entfernte Relikte einer längst vergangenen Epoche erscheinen. Doch selbst in unserer hoch technisierten Welt sind die Geschichten von Göttern und Helden, die einst den Himmel und die Erde beherrschten, nach wie vor lebendig und von Bedeutung.

Es mag den Anschein haben, dass wir in einer Zeit der wissenschaftlichen Erklärungen und technologischen Entwicklungen die alten Mythen vergessen könnten, aber die Wahrheit ist, dass sie uns auf subtile Weise begleiten. Die griechische Mythologie, mit ihren epischen Erzählungen von Liebe, Verrat, Abenteuer und Schicksal, hat einen unauslöschlichen Eindruck in der kulturellen Landschaft hinterlassen.

In diesem Kapitel werden wir die zeitlosen Lehren der griechischen Mythologie erkunden und ihre faszinierenden Verbindungen zur modernen Welt enthüllen. Wir werden entdecken, wie die Erzählungen über die Götter und Göttinnen, Helden und Monster uns auch heute noch etwas über die menschliche Natur und die menschliche Erfahrung lehren können. Die griechischen Mythen sind nicht nur archaische Geschichten, sondern Spiegelbilder unserer eigenen Wünsche, Ängste und Hoffnungen.

Konflikte und Kriege, die in den griechischen Mythen toben, sind nicht nur Schlachten auf dem Schlachtfeld der Antike. Sie sind Allegorien für unsere eigenen zwischenmenschlichen und gesellschaftlichen Auseinandersetzungen und sie werfen ein Licht auf die Dringlichkeit des Friedens und der Konfliktlösung in unserer Zeit.

Die griechische Mythologie hat nicht nur die Künste und Literatur, auch die Sprache, die Philosophie und die Wissenschaft der modernen Welt geprägt. Wir werden entdecken, wie die Ideen und Begriffe aus der griechischen Mythologie in unserer Alltagssprache und unserem kulturellen Erbe weiterleben.

In diesem Kapitel werden wir gemeinsam auf eine Reise durch die Jahrtausende gehen und feststellen, dass die griechische Mythologie nicht nur eine Ansammlung alter Geschichten ist, sondern ein lebendiges Erbe, das uns nach wie vor prägt und inspiriert. Sie ist ein Fenster zu den zeitlosen Aspekten der menschlichen Existenz und ein Spiegel unserer eigenen Kultur und Gesellschaft.

DIE MENSCHLICHE NATUR

In den erhabenen Gipfeln des griechischen Olymp und den tiefsten Schluchten des Tartaros fanden die Geschichten der griechischen Mythologie ihren Ursprung. Doch was macht diese uralten Erzählungen so zeitlos und universell? Der Schlüssel dazu liegt in ihrer Fähigkeit, die menschliche Natur und Erfahrung in all ihren Facetten widerzuspiegeln.

IKARUS UND DER ÜBERMUT DER MENSCHHEIT

Eine der bekanntesten Geschichten, die uns einen Einblick in die menschliche Natur bieten, ist die von Ikarus. Mit Flügeln aus Wachs und Federn ausgestattet, sollte er gemeinsam mit seinem Vater Daedalus aus dem Labyrinth von König Minos fliehen. Doch Ikarus, von seinem eigenen Übermut und seiner Jugend getrieben, flog zu nah zur Sonne, schmolz seine Flügel und stürzte ins Meer.

Diese Geschichte ist ein eindrucksvolles Beispiel dafür, wie die griechische Mythologie die menschliche Neigung zur Selbstüberschätzung und das Verlangen nach Freiheit und Abenteuer darstellt. Ikarus Flug symbolisiert den Drang des

Menschen, Grenzen zu überschreiten und die Konsequenzen seiner Handlungen zu begreifen.

DIE ODYSSEE UND DIE SUCHE NACH IDENTITäT

In Homers Epos »Odyssee« begleiten wir den Helden Odysseus auf seiner epischen Reise nach Hause. Auf seinem Weg begegnet er zahlreichen Prüfungen, Verführungen und Gefahren. Diese Erzählung spiegelt die tief verwurzelte menschliche Sehnsucht nach Heimat und Identität wider. Odysseus Reise ist eine Allegorie für unsere eigene Suche nach einem Ort, an dem wir uns geborgen und verstanden fühlen.

EROS UND PSYCHE: LIEBE UND VERLANGEN

Die Geschichte von Eros, dem Gott der Liebe und Psyche, einer sterblichen Frau, erzählt von der Natur menschlicher Beziehungen und der Macht der Liebe. Psyche, getrieben von Neugier und Verlangen, sieht Eros niemals, da er sie nur im Dunkeln besucht. Dies ist eine Metapher für die Herausforderungen der Liebe und des Vertrauens in menschlichen Beziehungen, die auch heute noch relevant sind.

LEHREN AUS DIESEN MYTHEN

Die griechischen Mythen bieten zeitlose Lehren über menschliche Tugenden und Schwächen. Sie erinnern uns daran, dass unser Streben nach Freiheit und Selbstverwirklichung mit Verantwortung einhergeht. Sie zeigen uns, dass die Suche nach Identität und Liebe universelle menschliche Bestrebungen sind.

Diese Geschichten aus der Antike sind keine abstrakten Fabeln, sondern lebendige Spiegelbilder der menschlichen Erfahrung. Sie dienen dazu, uns selbst besser zu verstehen und uns in unserer eigenen Suche nach Bedeutung und Erfüllung zu leiten. Die

Lehren der griechischen Mythologie sind zeitlos und sie erzählen uns heute noch Geschichten von uns selbst.

DIE BEDEUTUNG DER GÖTTER

Die griechische Mythologie ist reich an Göttern und Göttinnen, die verschiedene Aspekte der menschlichen Natur und der Welt verkörpern. Diese mythologischen Figuren sind nicht nur faszinierende Charaktere, sondern auch Spiegelbilder der menschlichen Psyche und sozialen Dynamiken.

OLYMPISCHE GÖTTER: SYMBOLE DER MACHT UND VIELFALT

Die zwölf olympischen Götter und Göttinnen, darunter Zeus, Hera, Athena, Apollon und Aphrodite, repräsentieren verschiedene Aspekte des menschlichen Lebens und der Natur. Zeus steht für Autorität und göttliche Ordnung, Hera für die Institution der Ehe, Athena für Weisheit und Strategie, Apollon für Kunst und Musik und Aphrodite für Liebe und Schönheit. Diese Götter und Göttinnen sind in der Mythologie nicht nur mächtige Wesen, sondern auch Abbilder der menschlichen Werte und Wünsche.

DIONYSOS UND DAS DIONYSISCHE: DAS STREBEN NACH EKSTASE UND FREIHEIT

Dionysos, der Gott des Weines und der Ekstase, repräsentiert das Dionysische, das Verlangen nach Rausch und Befreiung von gesellschaftlichen Zwängen. Seine Verehrung führte zu Bacchanalien und Orgien, die eine Befreiung von den Konventionen des Alltags darstellten. Dieser Aspekt der griechischen Mythologie verdeutlicht das menschliche Bedürfnis nach Ausbruch und Freiheit von Normen.

HADES UND PERSEPHONE: DER KREISLAUF DES LEBENS UND DES TODES

Hades, der Herrscher der Unterwelt und seine Gemahlin Persephone repräsentieren den Kreislauf des Lebens und des Todes. Persephone wird in die Unterwelt entführt und kehrt zur Erde zurück, was den Wechsel der Jahreszeiten symbolisiert. Dieser Mythos lehrt uns, dass der Tod ein integraler Bestandteil des Lebens ist und Verlust und Wiedergeburt miteinander verbunden sind.

HERAKLES: DER HELD UND DIE MENSCHLICHKEIT

Herakles, der berühmte Held der griechischen Mythologie, verkörpert die menschlichen Eigenschaften des Mutes und der Stärke. Seine Heldentaten sind legendär, aber er ist auch mit menschlichen Schwächen und Tragödien konfrontiert. Dies zeigt uns, dass selbst die mächtigsten Helden menschlich sind und mit inneren Konflikten zu kämpfen haben.

DIE BEDEUTUNG DER GöTTER IN DER MODERNEN WELT

Die Götter und Göttinnen der griechischen Mythologie bieten uns Einblicke in verschiedene Facetten der menschlichen Erfahrung und Psyche. Sie dienen als Symbole für menschliche Werte, Wünsche und Ängste und können uns helfen, unsere eigenen inneren Konflikte und Wünsche zu verstehen.

In unserer modernen Welt können wir die Lehren aus den Geschichten der Götter und Göttinnen nutzen, um unsere eigene Psyche zu erforschen und um die verschiedenen Aspekte des menschlichen Lebens und der Natur zu schätzen. Die griechische Mythologie lehrt uns, dass die Vielfalt der menschlichen Erfahrung ein kostbares Erbe ist, das es zu schätzen und zu verstehen gilt.

KONFLIKTE UND KRIEGE IN DER MYTHOLOGIE

Die griechische Mythologie ist reich an Geschichten über Konflikte und Kriege, die nicht nur epische Schlachten zwischen Göttern und Helden darstellen, sondern auch tiefe Einsichten in menschliche Konflikte und die Notwendigkeit der Konfliktlösung bieten.

DER TROJANISCHE KRIEG: DER KAMPF UM HELENAS SCHöNHEIT

Der Trojanische Krieg, einer der bekanntesten Kriege in der griechischen Mythologie, wurde ausgelöst durch die Entführung Helenas, der als die schönste Frau galt. Griechische und trojanische Helden kämpften um die Rückkehr Helenas zu ihrem Ehemann Menelaos. Diese Geschichte betont die zerstörerische Kraft von Eifersucht und den hohen Preis, den Kriege fordern.

ARES, DER GOTT DES KRIEGES: DIE DOPPELDEUTIGKEIT VON KONFLIKT

Ares, der griechische Kriegsgott, symbolisiert die Doppeldeutigkeit des Konflikts. Während Kriege oft Zerstörung und Leid bringen, kann Konflikt auch notwendig sein, um unterdrückte Kräfte zu befreien und Gerechtigkeit wiederherzustellen. Die Figur des Ares zeigt, dass Kriege nicht nur negative Auswirkungen haben, sondern auch als Mittel zur Veränderung dienen können.

DIE ILIAS: DER MENSCHLICHE ASPEKT DES KRIEGES

Homers Epos »Ilias« erzählt die Geschichte des Trojanischen Krieges und seiner Helden, darunter Achilles und Hektor. Es zeigt den menschlichen Aspekt des Krieges, die Opferbereitschaft und das Leiden der Krieger sowie die Auswirkungen von Stolz und

Rache. Die Ilias mahnt uns, die Grausamkeiten des Krieges zu verstehen und nach friedlichen Lösungen für Konflikte zu suchen.

DIE UNTERWELT: EINE ERINNERUNG AN DIE KONSEQUENZEN

Die griechische Mythologie zeigt uns auch die Folgen von Kriegen in der Unterwelt, wo die Seelen der Gefallenen weiterleben. Dies erinnert uns daran, dass Kriege nicht nur physische Zerstörung bringen, sondern auch emotionale und spirituelle Narben hinterlassen.

LEHREN AUS DIESEN MYTHEN

Die Geschichten von Konflikten und Kriegen in der griechischen Mythologie erinnern uns daran, dass der menschliche Drang nach Macht und Ruhm oft mit hohen Kosten verbunden ist. Sie fordern uns auf, Konflikte und Kriege mit Bedacht und Vernunft anzugehen und nach friedlichen Lösungen zu suchen.

In der modernen Welt können wir aus den mythologischen Lehren über Konflikte und Kriege lernen, wie wichtig es ist, Gewalt und Aggression zu vermeiden und nach diplomatischen und friedlichen Mitteln zur Konfliktlösung zu suchen.

Die griechische Mythologie bietet uns eine kraftvolle Erinnerung daran, dass Kriege nicht nur Verwüstung bringen, sondern auch die Menschlichkeit in uns herausfordern.

KULTURELLE UND KÜNSTLERISCHE EINFLÜSSE

Die griechische Mythologie ist ein reichhaltiger Schatz kultureller und künstlerischer Einflüsse, die die Menschheit seit Jahrhunderten geprägt haben. In diesem Kapitel werden wir die tiefgreifenden Auswirkungen der griechischen Mythologie auf Kunst, Literatur und Kultur in der modernen Welt erkunden.

Die Architektur des antiken Griechenlands: Tempel und Säulen

Die Architektur des antiken Griechenlands, insbesondere die Baukunst von Tempeln und die Gestaltung von Säulen, hat einen nachhaltigen Einfluss auf die moderne Architektur ausgeübt. Die klassischen dorischen, ionischen und korinthischen Säulenformen werden auch heute noch in Bauwerken auf der ganzen Welt verwendet.

DIE KUNST DER RENAISSANCE

Die Renaissance in Europa war von einem Wiederaufleben der Antike und einer intensiven Beschäftigung mit griechischer Mythologie und Kunst geprägt. Künstler wie Leonardo da Vinci und Michelangelo ließen sich von griechischen Skulpturen und Mythen inspirieren und schufen Werke, die den Mythos und die Ästhetik des antiken Griechenlands widerspiegeln.

DIE LITERATUR DER KLASSIK UND DER MODERNE

Die Werke von Homer sind nicht nur grundlegende Texte der antiken Literatur, sondern haben auch die moderne Literatur maßgeblich beeinflusst. Zahlreiche Autoren, von Vergil bis James Joyce, haben auf die epischen Erzähltraditionen der griechischen Mythologie zurückgegriffen und sie in ihren eigenen Werken verarbeitet.

DIE MALEREI UND DIE BILDENDE KUNST

Die griechische Mythologie hat der Malerei und bildenden Kunst eine Fülle von Allegorien und Symbolen geliefert, die in Kunstwerken auf der ganzen Welt zu finden sind. Künstler verwenden mythologische Motive, um menschliche Erfahrungen, Emotionen und Konzepte darzustellen.

POPKULTUR UND UNTERHALTUNG

Die griechische Mythologie ist auch in der Popkultur und Unterhaltung allgegenwärtig. Von Filmen über Superhelden und Fantasy-Romane hin zu Videospielen sind mythologische Figuren und Geschichten immer wiederkehrende Elemente, die das Publikum ansprechen.

Die kulturellen und künstlerischen Einflüsse der griechischen Mythologie sind in der modernen Welt allgegenwärtig. Sie sind nicht nur eine historische Referenz, sondern lebendige Quellen der Inspiration, die unsere Kunst, Literatur und Kultur bereichern. Die Geschichten der griechischen Mythologie sind zeitlos und universell und sie werden weiterhin Generationen von Künstlern und Kulturschaffenden inspirieren.

- QUELLEN -
QUELLENVERZEICHNIS

- » Graves, R. (2017). The Greek Myths. Penguin Books.
- » Hamilton, E. (2011). Mythology: Timeless Tales of Gods and Heroes. Grand Central Publishing.
- » Burkert, W. (1985). Greek Religion: Archaic and Classical. Blackwell Publishing.
- » Morford, M. P., & Lenardon, R. J. (1999). Classical Mythology. Oxford University Press.
- » Caldwell, R. S. (1999). The World of the Ancient Greeks. Peter Bedrick Books.
- » Vernant, J. P. (1991). Myth and Society in Ancient Greece. Zone Books.
- » Graf, F. (1993). Greek Mythology: An Introduction. The Johns Hopkins University Press.
- » Hesiod. (1983). Theogony and Works and Days (M. L. West, Trans.). Oxford University Press.
- » Campbell, J. (1949). The Hero with a Thousand Faces. Princeton University Press.
- » Woodford, S. (1988). The Trojan War in Ancient Art. Cornell University Press.

- VERLAG -

IMPRESSUM

Das Sachbuch **Griechische Mythologie** von **Antonius Thalberg** ist eine Veröffentlichung von:

Kleinstadt Fachbuch- und Medienverlag ©

Markus Winter | Lindenstr. 18 | D-96163 Gundelsheim
www.kleinstadt-verlag.de
kontakt@kleinstadt-verlag.de

Dieses Werk einschließlich aller seiner Teile ist urheberrechtlich geschützt. Jede Verwertung außerhalb der engen Grenzen des Urheberrechtsgesetzes ist ohne Zustimmung des Herausgebers unzulässig und strafbar. Das gilt insbesondere für Vervielfältigungen, Übersetzungen, Mikroverfilmungen und die Einspeicherung und Verarbeitung in elektronischen Systemen.

Printed in Poland
by Amazon Fulfillment
Poland Sp. z o.o., Wrocław
30 April 2024

c800dc56-a270-4825-aa07-ca2b6aa29bd7R01